# 実践 問題解決 最強ツール37

松井順一

日本能率協会マネジメントセンター

## はじめに

　仕事の成否は、結局のところ問題が解決できたか否かにつきます。ですから、必須スキルとして多くのビジネスパーソンが問題解決手法を学んでいるはずです。ところが、残念なことにその多くがそれらの手法を活かしきれず、問題を解決できていません。

　では、なぜ手法を活かしきれず、問題も解決できないのでしょうか。

　なぜなら、そこには問題解決を阻む落とし穴が潜んでいるからです。そして多くの人がその落とし穴に気づかず、やみくもに手法を駆使して、時間と労力を浪費しているのです。そんな中であなたが問題解決を成功させるためには、自分たちの問題解決の取り組みの中に潜む落とし穴に目を向けて、改善しなければなりません。

　本書は、そのための方法と知恵、そして現場で効果を発揮する実践的なしかけやツールを余すことなく紹介します。いずれも改善コンサルティングと問題解決の現場で編み出された効果の確かなものばかりです。

　もちろん、せっかく問題が解決できたとしても、それが仕事やビジネスにおいて価値のあるものでなければ意味がありません。

　したがって、本書ではとくに「競争力のある問題解決」に重点を置きました。これまでの問題解決では原因分析や対策立案のアプローチや発想法が重視されがちですが、それより上流のプロセスの解説に多くのページを割いています。「競争力がある」とは他社がマネできないということであり、つまりは問題や課題そのもののとらえ方を、他社とは違うものにするということです。他社が思いも付かないものをテーマとし、問題・課題として扱うのです。

　基本的に「できないこと」を解決するのが問題解決ですが、「他社ができないこと」を「できるようになる」問題解決は、仕事やビジネスにおいて、より価値あるものとなります。本書がその一助となれば幸いです。

松井順一

## 実践 問題解決　最強ツール37　目次

はじめに …………………………………………………………… 3

## Part 1 ● 問題解決の基本

1. 自分の問題解決のやり方をふり返る ………………………… 10
2. 問題解決できない原因と落とし穴 …………………………… 11
3. 問題解決に時間がかかる原因と落とし穴 …………………… 15
4. 落とし穴にはまらないための問題解決のフレームワーク …… 18
5. 落とし穴にはまらないための問題解決プロセスの基本 …… 25

　コラム　問題解決にはドラマがある！？ …………………………… 36

## Part 2 ● 問題解決力を高めるしかけ

### プロセス1　テーマ選定／設定

**1-1** 問題解決の目的・対象と道筋を正しく認識するためのしかけ …… 38
　ステップ1　目の前の問題の背景を整理する ………………… 40
　ステップ2　問題の目的と対象を整理する …………………… 43
　ステップ3　目的を達成するための問題解決のロードマップを設定する ……………………………………………… 46

| 1-2 | 課題解決の「めざす姿」を具体化するためのしかけ ………… 49 |
|---|---|
| ステップ1 | めざす姿のシナリオを作成する ……………… 52 |
| ステップ2 | めざす姿を定義する …………………………… 55 |
| ステップ3 | めざす姿のシミュレーション・プランを立案する… 58 |
| レベルアップ編 | 競争力ある問題解決のためのしかけ ………… 61 |

## プロセス2　問題把握／課題設定

| 2-1 | 仕事のプロセスを見える化して本当の問題を認識するためのしかけ ……………………………………………………… 63 |
|---|---|
| ステップ1 | 結果をつくっている仕事のプロセスを見える化する 67 |
| ステップ2 | パフォーマンスと流れから問題点の明確化をする… 69 |
| ステップ3 | 影響度シミュレーション・プランの立案 ……… 71 |

| 2-2 | 問題を切り分けて正しく認識するためのしかけ …………… 74 |
|---|---|
| ステップ1 | 問題発生を事実として認識する ………………… 76 |
| ステップ2 | 問題を影響と行動に分けて解決対象を絞り込む 78 |
| ステップ3 | 問題行動の発生の事実と相関を確認する ……… 80 |

| 2-3 | 事実をつくり課題を正しく認識するためのしかけ ………… 82 |
|---|---|
| ステップ1 | めざす姿と現状を比較しながら整理する ……… 85 |
| ステップ2 | シナリオ項目別に想定課題を洗い出す ………… 87 |
| ステップ3 | 想定課題の試行評価と新たな課題の洗い出し… 90 |

## プロセス3　目標設定

**3** 問題解決プロセスが管理できる見える化管理指標を設定する
しかけ……………………………………………………………… 93
- **ステップ1**　目標達成を評価するための結果目標を設定する … 97
- **ステップ2**　プロセスを管理するための管理目標を設定する … 99
- **ステップ3**　管理目標を使って問題解決プロセスを管理する … 101

## プロセス4　原因分析

**4** 系統論理展開×因果関係展開＋事実で原因究明するための
しかけ……………………………………………………………… 107
- **ステップ1**　系統立てた垂直の深掘りによる原因の
洗い出しをする……………………………………… 111
- **ステップ2**　原因の因果関係から水平の掘り下げによる
洗い出しをする……………………………………… 113
- **ステップ3**　真因とシステムにおける重要要因を選定する … 115
- **ステップ4**　重要要因の事実に基づく問題との相関性評価 … 117

## プロセス5　対策立案／実施

**5** DCAPサイクルを回して失敗から学んでレベルアップするしかけ … 120
- **ステップ1**　まず実施して失敗する ………………………… 124
- **ステップ2**　失敗の原因を掘り下げて対策案を改善する … 125
- **ステップ3**　失敗から学び対策の改善サイクルを回し続ける … 127

## プロセス6　評価とふり返り

**6** 4つの切り口を5つの視点で評価しふり返るしかけ………… 129
- **ステップ1**　5つの視点で取り組みの評価とふり返りを進める … 137

# Part 3 問題解決ツール37

▶ プロセスごとに最適なツールを使いこなす ……………… 140
**ツール 1** 問題背景整理シート…………………………… 142
**ツール 2** 問題解決の目的・対象整理シート ………… 145
**ツール 3** 問題解決のロードマップ …………………… 148
**ツール 4** シナリオ・マップ……………………………… 150
**ツール 5** めざす姿の定義シート ……………………… 153
**ツール 6** めざす姿のシミュレーション・プラン ……… 155
**ツール 7** ビジネスモデルのめざす姿定義シート …… 157
**ツール 8** 内外環境分析シート（SWOT分析）……… 160
**ツール 9** ビジネステーマのフレームワーク検討シート
　　　　　（アンゾフの成長マトリックス）…………… 163
**ツール 10** プロセス・パフォーマンスチャート ……… 166
**ツール 11** 影響度評価シミュレーション・プラン …… 169
**ツール 12** 問題事象整理シート ………………………… 171
**ツール 13** プロセス×問題行動マトリックスシート … 173
**ツール 14** 問題行動の事実・相関確認シート ……… 175
**ツール 15** めざす姿と現状のシナリオ別比較整理シート … 178
**ツール 16** シナリオ項目別課題整理シート …………… 180
**ツール 17** 課題試行評価シート ………………………… 182
**ツール 18** 会計指標評価による問題検討シート …… 184
**ツール 19** データ収集チェックシート ………………… 187
**ツール 20** 目標設定シート ………………………………… 190
**ツール 21** 数値をイメージ化するグラフ ……………… 193
**ツール 22** 組織能力目標展開シート …………………… 198

| | | |
|---|---|---|
| **ツール 23** | 原因系統洗い出しシート（系統図法） | 202 |
| **ツール 24** | 原因の因果関係整理シート（連関図法） | 204 |
| **ツール 25** | 重要要因と問題の相関評価散布図 | 206 |
| **ツール 26** | 要因と結果の相関性を見る回帰分析 | 209 |
| **ツール 27** | ロスコストツリー・マトリックス分析シート | 212 |
| **ツール 28** | 対策の失敗原因洗い出しシート | 218 |
| **ツール 29** | 対策のDCAPサイクル管理シート | 221 |
| **ツール 30** | プロセスの改善案組み合わせ検討シート | 224 |
| **ツール 31** | 目的×手段展開ツリー（系統図法） | 226 |
| **ツール 32** | ローテーション影響・効果検討シート | 228 |
| **ツール 33** | アロー・ダイヤグラム | 230 |
| **ツール 34** | 過程決定計画のためのPDPC法 | 232 |
| **ツール 35** | ABC（活動基準原価）計算シート | 234 |
| **ツール 36** | 取り組みの評価とふり返りシート | 237 |
| **ツール 37** | 目標・予算実績管理シート | 240 |

おわりに　243

*Part* **1**

# 問題解決の基本

# 1 自分の問題解決のやり方をふり返る

## ▎いきなり改善策を持ち出していないか？

　問題解決力を高めるために、まずやるべきこととは一体なんでしょうか？

　それは、何より先に自分たちの「問題解決のやり方」の「問題」を解決することです。

「問題解決のやり方」だったら、MECEだって、ロジックツリーだってしっかり頭に入っているし、すでに使いこなしている、という人もいるかもしれません。ところが実際のところ、これらの問題解決の手法を学んで、その手法通りに問題解決を進めていくのは、問題に対して、いきなり改善策を適用するようなものなのです。それも、外来の、標準的な改善策です。

　そもそも、ここから間違っているのです。

　**問題解決の基本は、原因に対する対策・改善**です。したがって、自分たちの「問題解決のやり方」の問題の原因を分析することなく、いきなり改善策を適用する、そのやり方が正しい問題解決のわけがありません。

　まず、自分たちの問題解決のやり方をふり返ってみましょう。「なぜ問題解決ができないのか」「なぜ問題解決に時間がかかるのか」。皆さんが抱える「問題解決のやり方」の問題は様々ですが、ほとんどの場合、大きくは、この2つに集約されます。そして、それぞれに、誰もがはまってしまう落とし穴が潜んでいます。

# 2 問題解決できない原因と落とし穴

　最初に「なぜ問題解決ができないのか」について、その原因と落とし穴について考えてみましょう。問題解決ができない理由は、3つあります。1つは「問題がわからない」、2つめが「原因がわかっていない」、最後が「改善案が立案できない」です。

## ▍問題がわからない

　問題解決するのに問題自体がわからなければ、そもそも何を解決するかわかりませんね。そう聞くと、誰だって「そんなことありえない……」と思うでしょう。ところが、これが実際にはよくあることなのです。
　では、なぜ、そんなことになるのでしょう。その理由はいくつかありますが、代表的なものは、「不安を問題だと思ってしまう」「問題が大きすぎる、複雑すぎる」の2つです。
　「不安を問題だと思ってしまう」とはどんな状況を指すのでしょうか？
　例えば、年間で売り上げ20％アップという目標に向かって取り組んでいるとします。20％アップに向けた様々な施策に取り組んでいきますが、施策を打ったからといって、すぐに売り上げがアップするというものではありません。特に抜本的改革の施策や長期的戦略施策などは、結果が出るのに時間がかかります。すぐに結果が出てこないと人は焦ってきます。「施策が間違っていたのではないか」と不安に駆られ、その不安から、次第に「この施策が問題だ」と決めつけるようになります。まだ結果が出ていない段階で、「ダメだった」ことをはっきり示す事実もない中で、その施策が問題だからと改善しようとします。
　ところが、肝心の結果が出ていないので、そもそも何が問題なのか、どこが問題なのかがわかりません。

このように「不安を問題だと思ってしまう」原因は、過程の状況が見えていないことにあります。結果に至る過程で、現在、どの段階にあるか、その過程において達成すべき途中段階の目標をクリアできているのかが見えていれば、不安に陥ることもありません。もし、途中段階の目標がクリアできていなければ、それを問題として早い段階から手を打つこともできます。このように、「問題がわからない」という落とし穴は、結果までの過程が見えないことによる焦りと不安が、知らぬ間に「問題」にすり替わっているところにあります。

一方で、問題が大きすぎたり複雑すぎたりすると、問題の影響が様々な形で表れ、問題がたくさん発生しているように見えます。すると本質的な問題がわからなくなり、いたちごっこのような問題解決が始まってしまいます。

問題が大きすぎたり複雑すぎたりするときは、問題を切り分けて、一次問題なのか、一次問題に引き起こされた二次問題なのかを整理することが必要です。一次問題は、二次問題の原因です。一次問題を解決すれば二次問題は発生しません。この切り分けをしないまま問題の原因分析をすると、一次問題と二次問題の両方の原因が洗い出されてきてしまい、解決すべき原因が多すぎて手に負えなくなります。

「問題が大きすぎたり、複雑すぎる」という落とし穴は、このように、対策する必要のない問題（二次問題）と本質の問題（一次問題）を区別せずすべて解決しようとするところに潜んでいます。

## 原因がわからない

原因究明には、特性要因図やロジックツリー、なぜなぜ分析など、すでにいろいろな手法が開発され、紹介されています。しかし、それらを使っても原因が特定できないことがあります。そこには、隠れた原因が潜んでいるのです。それは、「机上論」です。

紹介されている手法は、すべて思考の仕方を扱ったものです。どのように頭の中を整理し、どのように推論していけばよいかを導き出す手法です。もちろん、これらの手法は大変素晴らしいもので、正しい使い方

をすれば原因をしっかりと特定することができるものばかりです。しかし、間違った使い方をすれば、原因を究明できないどころか、問題解決の取り組みを混乱させ、ムダなことに時間を費やさせ、問題解決力を低下させる怖さすらあります。

その**間違った使い方とは、すべてを机上で、自分たちの知識と経験の延長線で行うことです。**これらの手法は推論を助けるものですが、**推論は必ず検証とセットで扱わなければなりません。**検証結果をインプットして推論をさらに高めるのが、これらの手法の正しい使い方です。検証することで、自分たちの知識と経験にはない事実に触れることができます。これらの手法は、本来、自分たちの知識と経験ではたちうちできない問題と原因を紐解くサポートをしてくれるツールなのです。

机上だけで推論していても、自分たちの知識と経験の外にある原因にはたどり着けません。ところが残念なことに、深刻な問題の多くは未知のもので、自分たちの知識と経験の外側にあることが多いのです。

「原因を特定できない」という落とし穴は、知らぬ間に、この知識と経験の"狭い世界"で原因分析をしているところにあります。

## 改善案が立案できない

改善案の立案を阻むものは何でしょう。多くの場合、それは「**技術の壁**」と「**経済性の壁**」です。原因が特定できても自分たちの技術では解決できない、または立案された改善案が技術的に実現不可能というのが「技術の壁」です。一方、改善案に金がかかりすぎるのが「経済性の壁」です。

技術の壁はどうにもならない――。果たして、そうでしょうか。**原因分析は、何らかの前提条件を課している**ことが多くあります。

例えば、「パンケーキを焼くと焦げる」という問題点について考えてみましょう。パンケーキは、ガスレンジや電磁調理器で生地に熱を加えて焼き上げます。焦げる原因は、パンケーキ内部が焼き上がる前に表面に加えられる熱が多すぎる点にあります。改善策は、パンケーキ内部への熱伝導と加える熱のバランスをとる技術的な内容になります。ガスレ

ンジや電磁調理器は表面層から内部に熱を伝達させて焼くという機器です。つまり、「表面層から内部に熱を伝達させる方法で行う」という前提条件が付けられています。

では、この前提条件を外したらどうなるでしょう。

例えば内部に直接熱を加える方法を考えてみます。電子レンジを使うのです。電子レンジでパンケーキ内部に直接熱を加えて生地を焼き、表面はガスレンジで焼きます。この場合、表面は焼くというより、焼き目をつけるだけかもしれません。熱伝導と加える熱のバランスをとる技術的改善は不要となりました。

「技術の壁」は確かにあります。高度なものは、開発の領域の話となります。しかし、前提条件を見直せば、技術開発せずとも既存の技術で解決できることはたくさんあります。ということは、実際のところほとんどは「技術の壁」ではなく、「前提条件の呪縛」が本当の原因と言えます。

「経済性の壁」も「技術の壁」と同じです。その本当の原因は、「前提条件の呪縛」です。前提条件に縛られて、手間とお金のかかる改善策しか選択できないのです。この呪縛を解けば選択肢は広がり、経済的に優位な改善案を立案できるようになります。

例えば、顧客のシステム監視をインターネットを通じて24時間行うという改善策が立案されたとき、24時間勤務によって25％の深夜手当が必要となり、人件費が高くなって実現できないというケースがあります。ここでの呪縛は「日本で行う」というものです。

日本が深夜でも、地球の反対側のアメリカやブラジルは昼間です。つまり、日本が深夜のときは、昼間のブラジルで監視してもらえばいいのです。幸い、監視はインターネットを通じてできますし、システム監視ですから、言語の違いの問題もありません。深夜手当はかかりませんし、物価の違いなどから日本より人件費が安くすみます。

改善案が立案できない落とし穴は、知らぬ間に前提条件に縛られて改善案立案に柔軟性がなく、選択肢が狭められているところにあります。

# 3 問題解決に時間がかかる原因と落とし穴

　続いて、「なぜ問題解決に時間がかかるのか」について、その原因と落とし穴について考えてみましょう。問題解決に時間がかかる理由は2つあります。1つは「分析・立案に時間がかかる」、もう1つは、解決に寄与しない「ムダな時間が多い」です。

## ▎分析・立案に時間がかかる

　分析や立案に時間がかかるのは、前述の「原因が特定できない落とし穴」によるところも多分にありますが、それ以上に、<u>「やり直しは悪」</u>という考え方が根底にあるものです。「失敗したくない」「一発で決めたい」という思いや「やり直しはムダ」という考え方が、綿密に分析し、間違いない対策案・改善案を立案しようとする行動につながっていきます。しかし実際は、失敗の連続です。そして、それは分析力・立案力のなさが原因と考えて、さらに分析や立案に時間をかけるようになるという悪循環に陥っていきます。

　果たして、やり直しは悪なのでしょうか？　自分たちの知識や経験の外にある問題は、どんなに知識と経験を出動させて分析・立案しても的を射た原因や改善案を見出すことは困難です。ですから、自分たちの知識や経験の外にある問題を理解し、必要な知識や経験を手に入れるには、やってみて、失敗から学ぶという方法が一番の問題解決の近道です。やってみれば、経験を得ることができ、今まで気づかなかったものを見つけ、存在すら知らなかったものを知ることができるようになります。失敗したとしても、自分たちに足りない知識、正しく理解できていなかったものが何であるか明らかになります。その知識は、学べばいいのです。

　実は、<u>問題解決では経験と失敗からの学びこそが解決力を高める一番</u>

有効な手段です。分析・立案に時間がかかる落とし穴は、経験と失敗からの学びの手段である「やり直し」を悪と決めつけて、一番の近道を避けていたことにあります。

## ムダな時間が多い

　問題解決につながらないムダな時間が多いのは、分析・立案に時間がかかっていることにも一因がありますが、問題の特性を無視した画一的な問題解決アプローチが原因のケースも多くあります。

　一口に問題と言っても、様々な特性を持ったものがあります。問題解決で扱うものの中には、「課題」と呼ぶべきものもたくさんあります。

　ここで確認の意味も込めて整理しておくと、「問題」と「課題」は、まったく異なるものです。したがって、そもそもこの**特性が異なる２つを同じ問題解決プロセスや手順、手法を用いて解決しようとすることに無理があります。**

　例えば、カタログと電話による通信販売を行っていた会社に、新たにインターネットのサイト上に商品を掲載して、サイトから注文を受けて販売する計画があるとします。このとき、「サイトへ顧客を誘導することができない」という問題が出てきたとします。

　では、この問題について、原因を分析して改善策を立案する問題解決アプローチを適用して解決することはできるのでしょうか。顧客を誘導できない原因を特性要因図やロジックツリーで整理・分析すれば、何らかの原因を挙げて対策することはできますが、果たして、それでムダなく効率的に解決できるのでしょうか。この事例のように、初めてインターネットに取り組むとき「サイトへ顧客を誘導することができない」のは、「問題」というより「課題」です。

　「問題」とは、今までできていたことができなくなったり、正常だったものが何か不具合を起こし正常ではなくなることです。つまり、**実績や事実があるものにおける不具合が「問題」です。「課題」は、まだ実績も事実もないものを実現するために解決しなければならない事柄です。**
めざすものに対して足りないもの、合っていないものが「課題」です。

課題解決で重要なのは、めざすものを明確にして共有することです。事例にある、誘導する顧客はカタログをすでに配布している既存顧客なのか、今まで取引のなかった新規顧客なのか、どちらをターゲットにするかでやるべきことはまったく異なります。

このように、課題を解決するアプローチでは、原因分析の前にめざすものを明らかにして、それを実現するための課題の定義が一番重要なステップとなります。課題が定義されれば、その後の原因分析は原因ごとの施策のリストアップに近いものとなり、一部の厄介なケースを除いて、ほとんどの原因の分析には特性要因図やロジックツリーなどの手法は必要ありません。

めざずものを明確にせず、「サイトへ顧客を誘導することができない」という「問題」の原因を分析すると、カタログをすでに配布している既存顧客が誘導できない原因、今まで取引のなかった新規顧客の原因の両方について洗い出し・分析することになります。めざすものを「既存顧客の誘導」とすれば、新規顧客の誘導について考える必要はありません。新規顧客の誘導について考える時間がムダな時間です。

問題解決に寄与しない「ムダな時間が多い落とし穴」は、問題特性を無視した画一的な問題解決アプローチを採用しているところにあります。

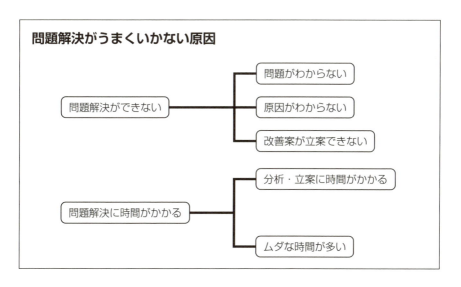

# 4 落とし穴にはまらないための問題解決のフレームワーク

## 対策には2つの方向がある

　ここまで読んで、いかがでしょうか？
　あなたもきっと、1つや2つ、思い当たる落とし穴があったはずです。では、なぜ、これまで紹介した「問題解決の落とし穴」にはまってしまうのでしょうか？　それは、たいていの場合、「落とし穴対策」をしないまま問題解決に取り組んでしまうからです。もちろん正しく問題解決手法を使うことは大前提ですが、その前に、問題解決アプローチにおいて落とし穴にはまらないための根本的対策をしましょう。
　根本的対策は、問題解決のフレームワークとプロセスに対して行います。ここでは、問題解決のフレームワークにおける対策を紹介します。フレームワークとは、問題解決における考え方や手法を体系的にまとめたもので、より効果的で効率的な問題解決を行うためにどのように考え、何を選択し、組み合わせれば良いか、その原則を示したものです。
　フレームワークでの対策は、「事実基点考動」と「ロジカルアプローチ」にあります。

## トヨタ生産方式の事実基点考動

　トヨタ生産方式の原理・原則の1つに三現主義と言われるものがあります。すべてのことは実際に起きた事実に基づいて考え、行動しなければならないとするものです。三現とは「現地・現物・現実」のことを言い、事実を見て考えるときの行動原則です。
　現地とは、「事」の起きているその場に行くこと。
　現物とは、「事」を引き起こしているモノを見ること。
　現実とは、起きている「事」の事実を確認すること。

つまり、すべては実際に起きている事実に基づいて考えて行動することを是とするものです。

　問題解決の落とし穴に「不安を問題と思ってしまう」「机上論」などがありますが、これらは、事実を見ていないことが根底にあります。三現主義を取り入れて、**事実基点考動での問題解決**、つまり、事実を見て認識し、事実から考えて行動し問題解決すれば、これらの落とし穴にはまることはありません。

　問題を認識し、特定するときは、
　①問題がどこで発生しているのか
　②何が問題となっているのか
　③問題とされているもの正体は何であるか

というように整理することで、事実に基づいて問題を特定でき、「問題が見えない」という状況を防いでくれます。

　例えば、飲食店を4店舗展開している会社があります。4店舗のうち、中華料理店の売り上げだけが他店舗より低いので、この問題を解決する

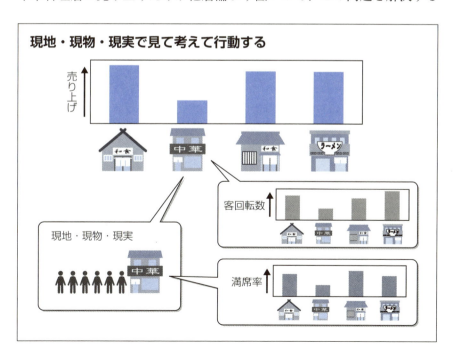

ための取り組みをしました。客回転数を分析してみると売り上げ同様、他の店舗より低い値です。つまり、お客さんが入っていないことになります。そこで、広告や新メニューの追加によって客数を増やすことを考えています。しかし、現地現物で店舗に出向いて実際の状況を見たところ、店の前には順番待ちのお客さんが列をつくって待っていました。お客さんは来ているのです。安くておいしい評判の店となっていました。では、なぜ売り上げが低いのかと、現地現物で店の中を見てみると、空いている席が目立ちます。満席率を調べてみたところ、他店舗より極端に低いことがわかりました。つまり、お客さんをうまく案内できていなかったのです。問題は、ホール管理のまずさによる満席率の低さです。満席率は現地に赴いて調べないとわからない指標です。客回転率のデータから分析できていると思い込んで広告や新メニューの追加をしようとしていたのはムダな対策だったのです。

「問題」は、必ず、現地現物現実で見て、正しく認識してから、対策をしていきましょう。

　一方、「課題」の場合は、「問題」とはやり方が異なります。「課題」は、「問題」と違ってまだ事実がありません。これから実現しようとすることを阻むものが「課題」ですので、現地、現物、現実でとらえることができないのです。

　では、「課題」における事実基点考動とは、どのようなものでしょうか。

　重要なのは「事実」です。「想定」では事実基点考動になりません。**事実基点考動とするためには、「事実」をつくることです。**

「課題」を認識し、特定するためには、課題を「事実化」する取り組みをします。

「課題」が「真の課題」であるためには、本当にめざすものの実現を阻んでいることを証明しなければなりません。実験や試行を繰り返し、課題が阻んでいることを事実としてとらえること、これが課題における事実基点考動です。

　問題解決にトヨタ生産方式スタイルの事実基点考動の行動原則を取り入れることで、解決力が質的に高まり、ムダのない解決ができるように

なります。

## 論理と事実の組み合わせのロジカルアプローチ

　問題解決では、ロジカルシンキングと言われるように、仮説を論理的推論していくことが重視されます。しかし、主観や経験に頼った仮説は、思い込みや経験による偏りなどがあり、解決力が高まりません。

　問題解決における論理的推論とは、原因と結果の関連性に筋が通ったものにすることです。誰が聞いても仮説の原因と結果の関連性が納得できるものが論理的と言われますが、実は、ここに落とし穴があります。皆が納得し論理的であるものが、必ずしも事実ではないということです。

　みなさんは、ビジネスにおける間違った通説を一度は見聞きしたことがあるはずです。これらは多くの人に「間違った論理の仮説」を「正しい論理の仮説」と思い込ませて、いかにも本当らしく思わせて拡散してるものです。

　例えば、生産管理の間違った通説に、「欠品しないためには在庫を多く保有する」というものがあります。欠品とは、注文があったときに在庫がなくて出荷できないことを言います。在庫がなくて出荷できないの

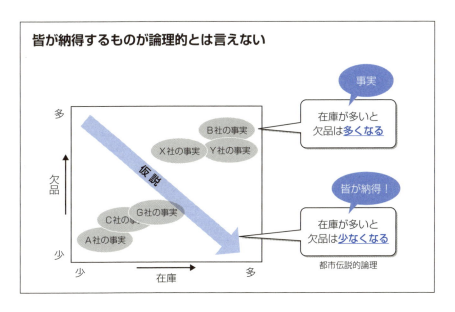

だから、在庫を多く持っておけば、欠品にならないというのは、一見筋が通っていますから論理的だと思わせます。

しかし、トヨタ生産方式では、「在庫が多いと欠品する」という考え方をします。真逆の考え方です。「在庫がなくて出荷できないのに、在庫を少なくしたら、ますます欠品するじゃないか」という声が聞こえてきます。説明を聞いただけでは、多くの人が論理的であると思えないと言います。ところが、実際の現場では、在庫が多い会社ほど欠品率が高く、在庫を少なくした会社ほど欠品が少なくなるのです。

ここでは詳しい説明は割愛しますが、欠品が起きる原因は、売れるスピードとつくるスピードの差が大きいことにあります。売れるスピードより、つくるスピードが速いと製品が売れるよりも速く積み上がるので在庫となります。逆につくるスピードよりも売れるスピードが速いと欠品となります。在庫が多い会社は、売れるスピードとつくるスピードの差が大きい会社で、両方のスピードをうまくコントロールできていないのです。在庫の少ない会社は、両方のスピードをうまくコントロールで

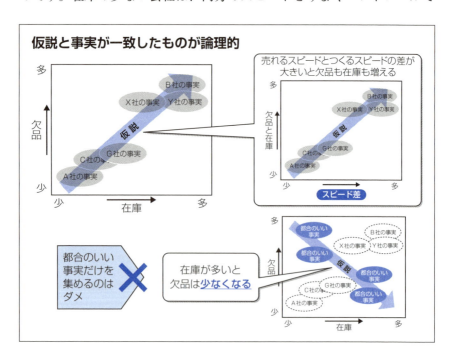

きる会社ですから、在庫も少なく欠品も少ないのです。

　このように、論理的であるか否かは、それを判断する人の知識や経験、または常識などによって大きく左右され、ときには誤解されることすらあるのです。間違った通説のような論理的推論の仮説では、当たり前ですが、問題は解決できません。また、間違った論理展開となっていることに最後まで気づくことができない怖さもあります。

　では、論理的であるとはどういうことでしょうか。

　それは、「仮説と事実が一致したもの」と言えます。つまり、論理的とは「より真実に近い」ということに他なりません。

　仮説と事実を一致させるときに気をつけなければならないのは、仮説にとって都合のいい事実だけを集めたり仮説と整合しない事実を無視して真実をねじ曲げたりしないことです。事実を色眼鏡で見ることなく平常心で受け止めることが大切です。

　論理と事実を一致させて問題解決をはかる取り組みを、本書ではロジカルアプローチと呼びます。

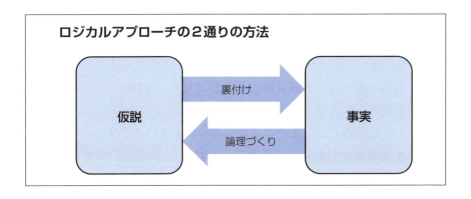

　論理と事実を一致させるには、2通りの方法があります。

　1つめは、机上で行った論理的推論に対して、事実で裏付けを取っていく方法です。問題解決では、原因究明と改善策立案の段階で役に立ちます。

　原因究明では、推定された原因について、実験や試行を行い、データ

によって真の原因であることを証明します。証明できたものは、真の原因となりますし、証明できなければ、その事実をもって推定方法を見直して、新たな原因を探すことを繰り返していきます。原因分析では、必ずデータや事象で裏付けのとれた原因だけを扱うようにすることで、問題解決力が飛躍的に高まります。

　改善策立案では、立案した改善策を実験や試行で行ってみてその有効性・効果性を確認し、考え方や方法を見直し、改善策の立案力を高めます。

　2つめは、**事実をもとに論理をつくる方法です**。古くは、ハインリッヒの法則と言われる労働災害の経験則があります。経験則は、論理まで展開されていない場合がありますが、事実として多くの人が認めている法則となっています。近年は、ビッグデータやディープラーニングと言われるアプローチの重要性を叫ばれていますが、これらは、いずれも事実（データ）を分析したり構造化していく中から、今まで認知されていなかった論理を導き出す方法です。今後の人工知能は、ディープラーニングが主流となるとも言われています。

　原因究明では、事実データや実験データをもとに主成分分析や回帰分析などによって、データ間の関係性における法則や結果に対する影響度合いを見い出す方法です。

　改善策の立案では、実験計画法などを使って、実験データの裏付けある有効な改善方法を見つけ出す方法です。

　実際の利用場面では、論理を事実で裏付ける方法と事実から論理を導き出す方法の両方を組み合わせて行います。

# 落とし穴にはまらないための問題解決プロセスの基本

　問題解決アプローチの根本的対策のもう1つのテーマは、落とし穴にはまらないための問題解決プロセスの見直しです。事実基点考動とロジカルアプローチのフレームワークを問題解決プロセスの中に組み込むこともその1つです。

## 問題と課題では問題解決プロセスを変える

　16頁でも触れた通り、問題解決で扱う「問題」の中には、特性の大きく違う「課題」と言われるものがあります。効果的かつ効率的な問題解決のためには、「問題」と「課題」の特性に応じた問題解決プロセスの選択をしなければなりません。

### ①問題解決ストーリー

　通常、「問題」は、実際に発生した事象のことを指します。つまり、実際に困ったこと、影響が出てしまったことを「問題」と呼びます。この問題を解決するためのプロセスは、問題解決ストーリーと言われるものが基本となります。

　問題解決ストーリーは、「テーマ選定」から始まり、「問題把握」「目標設定」の順で問題解決を進めていきます。問題解決では、原因分析や対策立案が注目されがちですが、落とし穴にはまらないためには、最初の2つの「**テーマ選定**」と「**問題把握**」が重要です。

「テーマ選定」は、目的と解決対象を明確にすることです。問題が発生して解決しなければならないのですから、目的はその問題を解決することと考えがちです。しかし、問題解決は目的ではなく手段です。目的を達成するための手段なのです。例えば、販売しているA製品の売り上げ

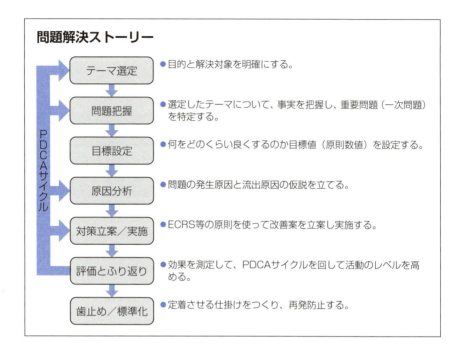

が落ちてきたという問題があったとき、A製品の売り上げアップをすることが問題解決の目的でしょうか。本当の目的は、A製品の売り上げダウンによって、会社全体の売り上げが落ちているのを挽回することにあります。つまり、会社全体の売り上げのアップが目的です。そのために必要なのは、A製品の撤退と新製品のBの売り上げアップへの取り組みかもしれません。A製品の売り上げアップの取り組みは、会社全体の目的とは合っていない取り組みなのです。

　問題解決では、発生した問題に飛びついてすぐに解決しようとせず、目的と解決対象を明らかにした上で、顧客や会社、職場にとって意味のある取り組みとなるようにしましょう。

　「問題把握」は、設定したテーマ（目的と解決対象）について現状の事実を把握し、解決する上での**一次問題である重要問題を特定します**。先の事例では、A製品の売り上げが高まらない一次問題として、新規顧客に対する売り上げが低い、リピート購入率が低い、代理店の販売比率が低い、返品率が高いなどが考えられます。これら一次問題の中から、デ

ータの裏付けを取り、最も影響度が大きく解決しなければならない重要問題を特定します。

よく見受けられるのは、問題の把握自体をしないというケースです。「テーマ選定」という考え方がなければ、あらためて問題を把握することはしません。目の前にある問題が解決すべき問題であり、あらためて把握する作業はしないことになります。問題点を絞り込まず、データの裏付けも取らず、原因分析、対策立案と進めていくため、推定の世界での問題解決が繰り広げられ、分析したり、対策立案するまでもない効果のない問題や原因に貴重な時間を費やすムダを生んでしまいます。

また、原因分析の段階で、これら一次問題を原因として洗い出す例もよく見受けられます。一次問題を原因として、その対策案を立案しようとするのです。問題に対する対策は、対症療法的対策になりがちです。真因に対する対策ではないので効果は期待できません。原因を掘り下げて真因に対する対策をするためには、原因分析とは別に問題は問題として把握するステップを設けることが必要です。

## ②課題解決ストーリー

**これから実現しようとしている「めざす姿」に対して、その実現を阻むものを「課題」と言います**。課題は、まだ実際には存在しないものに対する、実際に阻んでいることが事実として確認されていないものとなります。ですから、推定の域を出ません。このような課題を対象とした問題解決のプロセスは、課題解決ストーリーと言われるものが基本となります。

課題解決ストーリーは、「テーマ設定」から始まり、「課題設定」「目標設定」の順で問題解決を進めていきます。課題解決ストーリーでは、実際には起きていないことを扱うため、問題解決ストーリーのような「原因分析」はないと言われる場合がありますが、ここで紹介している課題解決ストーリーは、目標設定以降、問題解決ストーリーとまったく同じステップとなっており、「原因分析」もあります。事実基点考動とロジカルアプローチのフレームワークを組み込んだ課題解決ストーリー

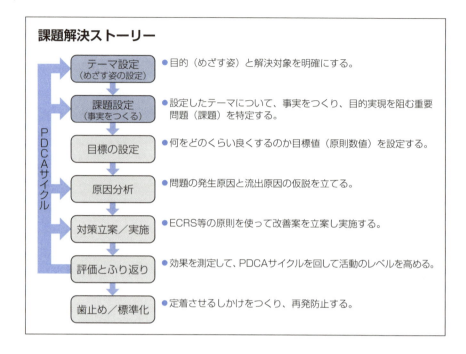

は、課題設定のステップで「**事実をつくる**」取り組みを必須とします。課題を「めざす姿」を実現することを実際に阻む事実としてつくり上げるのです。課題が事実となれば、問題と何ら変わらないものとなります。実際に阻んだ事実がありますから、その原因も事実として存在することになり、問題解決ストーリーと同じ取り組みで解決することができます。

　課題解決ストーリーは、問題解決ストーリーと異なる最初の2つ「**テーマ設定**」と「**課題設定**」を押さえれば、落とし穴に陥ることなく効果的で効率的な問題解決ができるようになります。

「**テーマ設定**」は、目的（めざす姿）と解決対象を明確にすることです。目的は、めざす姿、得たいものを指します。目的は、可能な限り具体的に定義していきます。もし、具体的に示すことかできないのであれば、実現するための課題も具体化できず、活動自体に現実性がなくなってしまいます。ここでも気をつけなければならないのは、問題解決ストーリーの場合と同様に課題解決を目的としないということです。なぜ、課題解決に取り組むのか、課題解決できたときの自分たちの姿（めざす

姿）をしっかりと描くことが重要です。

　例えば、従来、商社を通じて小売店に商品を卸して販売していたメーカーが顧客への直販に取り組みたいと考え、直販に向けた課題を明らかにして解決していこうとしたとします。

　この事例の場合の目的は何でしょうか。直販を実現するということでしょうか。

　直販の実現は課題解決ですから目的ではありません。なぜ直販にしたいのか、その理由が目的です。「小売店が少なくなってきたため小売店に頼らず売り上げを確保したい」「顧客の声や反応を直接拾えるようにして顧客の求める製品を開発し提供できるようになりたい」「流通コストを抑えて低価格でも利益の出るようにしたい」など、いろいろな目的が考えられます。目的が異なれば、課題も当然異なります。「小売店が少なくなってきたため小売店に頼らず売り上げを確保したい」を目的とした場合は、既存小売店との共存、直販に対応できる物流体制などが大きな課題と考えられます。「顧客の声や反応を直接拾えるようにして顧客の求める製品を開発し提供できるようになりたい」を目的とした場合は、顧客の声や反応を販売プロセスの中から抽出、顧客の反応に対応できる開発リードタイムの短縮などが課題となります。「流通コストを抑えて低価格でも利益の出るようにしたい」を目的とした場合は、流通在庫の削減と管理、生産リードタイムの短縮などが課題となるでしょう。
「顧客の声や反応を直接拾えるようにして顧客の求める製品を開発し提供できるようになりたい」という目的の場合、直販でなくても、現在の小売店販売でも実現できるかもしれません。その場合、直販の実現自体が不要となってしまうのです。
「直販の実現」を目的とした場合は、顧客からの受注システムの構築、受注システムと出荷システムの連動、決済システムの構築などが課題として上がってきます。これらの課題を解決すれば直販の仕組みは構築できますが、直販が実際に実行できるわけではありません。直販をしようとした理由が必ずあります。その理由こそが目的であり、その目的に関する課題を解決していなければ、直販は実行できないのです。

「課題設定」は、選定したテーマについて、事実をつくり、目的実現を阻む重要問題（課題）を特定することです。先の事例では、「顧客の声や反応を直接拾えるようにして顧客の求める製品を開発し提供できるようになりたい」という目的の課題として、顧客の声や反応を販売プロセスの中から抽出することや、顧客の反応に対応できる開発リードタイムの短縮などが考えられます。「課題設定」では、これら課題について事実をつくります。例えば、「顧客の声や反応を販売プロセスの中から抽出」については、実際に顧客の声や反応を拾い上げる実験をします。アンケートをとることから始めるかもしれません。アンケートの回答率、アンケートの分析からの開発テーマの洗い出しなど、顧客の求める製品開発に生かせるデータや情報は収集できたのか評価します。「顧客の声や反応の販売プロセスの中から抽出」が本当の課題なのか、別の課題はないのか分析します。「顧客の反応に対応できる開発リードタイムの短縮」についても同様に実験をします。顧客の声をインプットして開発を進め、製品化するまでの時間をシミュレーションしてみて評価します。開発リードタイムは短くなるのか、短くなることで顧客の反応に対応して、求める製品は開発できるのか分析します。分析したところ、リードタイムより、開発コストの高さが顧客の求める製品開発を阻む課題であったことがわかるかもしれません。

## ▍問題特性に応じてプロセスの力点を変える

「テーマ選定／設定」や「問題把握／課題設定」のプロセスでは、「問題」か「課題」かによって、また、「問題」「課題」の特性（見えない、大きい、あいまい、効果が出ないなど）によって、置くべき力点を変えることで、効果的な問題解決をすることができます。

「問題」の「テーマ選定」では、効果が出ない・評価されない問題を選定してしまう特性に対応した方法に力点を置きます。「課題」の「テーマ設定」では、あいまいになりがち、ビジネスの特徴が出ないという特性に対応して力点を置きます。

「問題把握」では、問題が見えない、大きすぎるという特性に対する力

点が必要です。「課題設定」では、課題が大きすぎる、推定だけで進めるという特性に対応します。

「目標設定」以降のプロセスでは、それらプロセスの特性によって、置くべき力点が異なります。

「目標設定」では、手応えがない、進捗が見えない特性があるので、それに対応した方法の力点が必要となります。

「原因分析」では、原因がつかめない特性への対応した力点が不可欠です。

「対策立案／実施」では、効果的な対策案が出ない／できない特性に対応しなければなりません。

「評価とふり返り」では、成長することにつながらない評価やふり返りという特性に対応した方法にします。

それぞれのプロセスの力点の具体的な内容は、Part 2 でプロセスに沿って紹介する「しかけ」で個々に詳しく説明します。

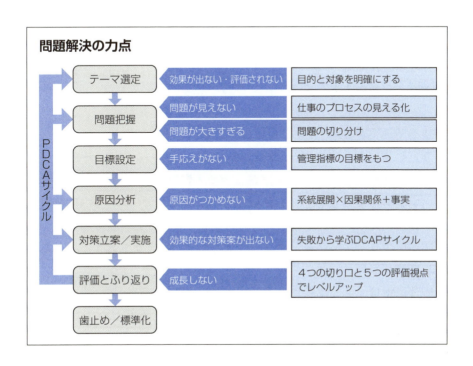

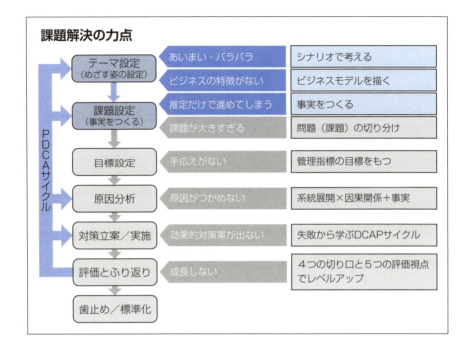

## DCAPサイクル型プロセスに変える

　管理や改善では、PDCAサイクルを回せとよく言われますが、事実基点考動とロジカルアプローチによる問題解決プロセスでは、Dから始まるPDCAサイクル、つまりDCAPサイクルで回すことが基本となります。「**やってみて考える**」「**やる前には考えない**」ということです。少し乱暴な言い方になりますが、「準備8割本番2割」のように、事前にしっかり考え準備することを教えられてきた人には、「考えるな」というくらいの言い方をしないと、いろいろと考えてしまうものです。「準備8割本番2割」は、成功させるための行動哲学ですが、本書で紹介している問題解決は、失敗から学ぶ行動哲学ですから、**まず失敗することをめざします**。

　十分に準備すると成功させるためのあらゆる手を打っていくはずですが、そのすべては、自分の持っている知識と経験の範疇での「手」です。今まで経験したことのない問題、未知なるものを実現するための課題を

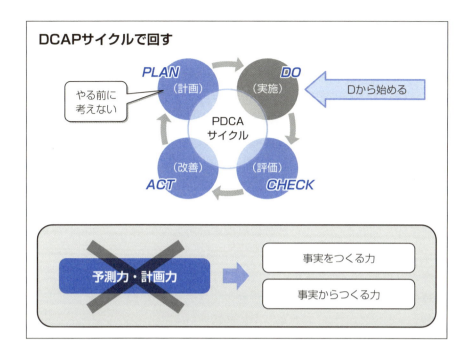

解決するためには、持っている知識と経験では間に合いません。もし、持っている知識と経験で解決できるなら、それは問題解決ではなく、単なる処置にすぎないのです。

　自分の知識や経験では及ばない問題を解決するためには、経験し、失敗し、自分たちに何が足りないのかを1秒でも早く気づき、それを手に入れることが必要です。そのためには、1秒でも早く実行して失敗することが必要なのです。**DCAPサイクルで回すとは、実行し、失敗して、そこから学び、成功の秘訣を手に入れることです。**

　DCAPサイクルを回す問題解決プロセスでは、2つの「力」が必要となります。1つは、「**事実をつくる力**」で、もう1つが「**事実からつくる力**」です。

　事実をつくる力は、問題であれば、起きた問題を再現する力です。課題であれば、めざす姿の状況をつくる力です。

　問題が発生したときは、当然その場で顧客や利害関係者に迷惑をかけないように様々な手を打ちます。それは、復旧や被害の拡大防止が中心

で、問題解決はそれらが片付いてから行われます。ですから、問題解決する段階では、発生した問題の場所もものも環境もすべて消えてしまっていることがほとんどです。問題そのものが実在しない中での原因分析や改善は、すべて推定で行うことになるのです。推定で行う原因分析や改善の精度は低く、リスクを回避するために考えられるすべての原因に対して時間とお金をかけて対策することになり、ムダの多い効率の低いものです。「問題」が実在していたら、本当の原因だけに時間とお金をかけて対策すればいいので精度も効率も高いものとなります。ですから、<u>問題を再現して、事実をつくる力が必要となる</u>のです。

　理想は、問題が発生したときに原因を分析して対策することであるのは言うまでもありません。

　課題解決では、めざす姿の状況をつくることができれば、実際の課題を現地現物で洗い出すことができます。この、めざす姿の状況は、実験やシミュレーション、モデルなどを使ったロールプレイなどによってつくり出します。

　例えば、ケーキ屋がゲームアプリを使って、人を集客して売り上げを高めるというビジネスを考えたとしたら、人を集めて、売り上げアップにつながるか実験するのです。ゲームアプリはありませんので、ゲームアプリのゲーム性を使った集客や売り上げアップの方法は実験できません。集客と売り上げとの関連性を確認することに的を絞ってゲームアプリ以外の方法で集客することにして、景品やマスコットキャラクターなどを使って人を集めます。集まった人の中でどのような人が、どのような条件でケーキを買ってくれるか調べます。「景品やキャラクターとコラボさせること」「店のコンセプトに興味を持っている人を集めること」「集まった人とケーキ購入者の動線を区分すること」などといった具体的な課題が明確になります。

　事実をつくる上でのポイントは、小さく失敗できるように事実をつくることです。失敗を前提としていますから、失敗のダメージが最小となるようにしなければなりません。また、すぐにできるような軽いものにすることも重要です。失敗から改善をして、また、やってみるというよ

うにPDCAを何度も回しますから、手間なく簡単にすぐに実行できるようにすることも「力」の1つです。

　事実からつくる力とは、実際にやってみた経験やデータを基に、新たな論理や仮説をつくる力のことです。

　21頁で紹介した生産管理の事例では、「欠品しないためには在庫を多く保有する」と思っていた人が事実を調べてみたら、「在庫が多いと欠品が多い」という事実がわかりました。自分たちの信じていた法則と真逆の事実です。この事実から在庫と欠品の間にある論理を考えてつくるのです。

　論理を考えるときは、何点かのデータを集めて関係性を整理します。目標管理の事例では、在庫が少ないときの欠品の量も調べます。多いときと少ないときの両端のデータです。調べたところ、在庫が少ないと欠品も少なく、在庫と欠品は比例関係にあることがわかりました。次に、在庫と欠品の両方を少なくしたり、多くしたりする要因を考えます。順番にデータを取りながら、事実の中にある法則を探して、新たな論理や仮説をつくっていきます。

## コラム　問題解決にはドラマがある！？

　効果が大きい問題解決は、多くの場合、ドラマがあります。そのドラマは、「行き詰まり」と「ひらめき」によって生まれます。

　私は、半年がかりで解決した問題を今でも鮮明に覚えています。微量のエア漏れを検知するために測定器をつくっているときの問題です。空気が漏れることで生じる微量な圧力変化で測定しようとしました。ところが、その測定器は人が近づいたときの体温にも反応してしまうほど敏感なものでした。しかし、測定するためには人が測定器に触れて測定物を取り付けなければなりません。どうやっても人の体温が影響します。行き詰まりました──。測定器が体温の影響を受けない対策をやり尽くしましたがどうにもなりません。

　そこで「テーマ設定」と「問題把握」に戻らざる得なくなりました。そうしてその２つを１から考え直したとき、ひらめきが生まれたのです。それまでは、「人の体温の影響を受けない測定方法の確立」がテーマで、問題は「人の体温が影響を与える」でした。それを「人が測定できる方法の確立」をテーマとして、「体温が均一に影響していない」を問題としたのです。つまり、人が測定器に近づくことで体温の影響を受ける箇所と受けていない箇所が発生し、温度差ができて圧力差が発生したことを問題とみなしたのです。それにしたがって、新しい測定器は体温の影響をものすごく受けやすい構造にして、測定器の場所による温度差が発生しないようにしました。これまでとは真逆の発想の構造です。

　するとどうでしょう。人が触れても圧力変化が発生せず、漏れ量を正確に測れるようになったのです。

　半年も行き詰まって「テーマ設定」と「問題把握」に戻るのはあまりも効率が悪いのですが、その半年があったから、ひらめきが生まれたとも言えます。脳みそのすべての領域を使い果たすためには、そのくらいの時間が必要なのかもしれません。

*Part* **2**

# 問題解決力を高めるしかけ

プロセス1　テーマ選定／設定

# 1-1 問題解決の目的・対象と道筋を正しく認識するためのしかけ

ツール
▶問題背景整理シート
▶問題解決の目的・対象整理シート
▶問題解決のロードマップ

**こんなときに**
- 問題解決を目的化してしまうとき
- 問題を解決しても評価されないとき
- 問題を解決しても効果が出ないとき

## ▎「問題解決」そのものが目的化していないか？

　目の前の問題を解決しようとすると、問題解決そのものが目的のように思えてしまうことがあります。しかし、本来問題解決は、何か達成したいことやより良い状態にしたいことがあるとき、それを阻害する**問題をなくすための手段**です。つまり目的は、達成したいことや良い状態の実現にあります。その目的を明確にしないまま目の前の問題解決に邁進して、そもそもの目的の達成から外れたり、足りないことに気づかないまま取り組みを続けがちです。結果、問題解決をしても効果はなかったり、逆に改悪になってしまうことがあります。

　例えば、洋食レストランで注文の聞き間違いによるオーダーミスのクレーム問題の解決のために、お客さんに注文カードに記入してもらうといった対策を導入しました。結果、聞き間違いはなくなりましたが、今度は記入間違いが多く発生して、オーダーミスのクレーム件数は対策前と変わりませんでした。さらに、記入する作業の煩わしさから注文頻度が減って客単価が下がり、売り上げまで落ちてしまいました。

問題解決プロセスの「テーマ選定」では、その問題を取り巻く環境なども考慮した上で、<u>何のためにその問題解決に取り組むのか</u>、その目的を明らかにして、効果のある、評価される問題解決への<u>取り組みの道筋を明確にします</u>。

では、「家庭学習教材の発送を請け負っている物流会社の誤品出荷」を事例に、どのようなツールを使って目的を設定するかを説明します。

### 事例　3000種類の教材の誤発送を防ぐ

B社は、幼児、小中学生向けの家庭学習教材の発送をX社から受託しています。教材は全部で3000種類あります。受講カリキュラムは、お客様の学年、教育テーマ、学習環境などの違いから200種類以上あり、教材は、この受講カリキュラムによって選択してセットしなければなりません。発送時のピッキングでは、お客様ごとの受講カリキュラムに基づいて教材を集め、1つの箱に詰めて発送する多品種混載での作業となっています。また、昼の12時までの注文は当日発送という即納体制を求められています。

慢性的人手不足により、外国人労働者が増える一方でベテランが減って、現場の管理が行き届いていないと皆が感じています。最近、受講カリキュラムの教材とは違う教材を発送してしまう誤品出荷が繰り返し発生していて、この問題解決に取り組むことにしました。

この事例の問題の目的と対象を明確にし、どのような道筋で問題解決に取り組めばいいか考えてみましょう。

### ●目的と対象、道筋を設定するためのステップ●

**ステップ1** 目の前の問題の背景を整理する
**ステップ2** 問題の目的と対象を整理する
**ステップ3** 目的を達成するための問題解決のロードマップを設定する

プロセス1 テーマ選定／設定1

ステップ1

# 目の前の問題の背景を整理する

使うツールはこれ！　問題背景整理シート

## ■同じ問題も背景や環境次第で対策は変わる

　目的や対象を設定するためには、問題の背景や取り巻く環境を認識することから始めます（右頁図内❶）。同じ問題であっても、背景や環境が異なれば対策内容は大きく異なります。先の洋食レストランの事例では注文カードの導入は失敗しましたが、これが寿司屋であれば成功していたはずです。洋食レストランと違って、寿司屋では商品である寿司はネタの違いだけの単純なものであること、お客さんが寿司ネタを選び注文すること自体を楽しみとしていることで注文カードへの記入精度が高まるのに加え、注文カードの方が注文しやすいため、注文頻度が高まる流れが生まれるからです。

## ■環境を4つの視点で整理する

　問題の背景や取り巻く環境は、4つの視点で整理していきます。
　1つめは、<u>自分たちに課せられているミッションの認識</u>です（❷）。職場目標または業務目標と言われるものがミッションです。B社の物流部門の職場の目標は、「業務効率の20％アップ（省人化）」と「新規顧客の拡大（年間2社の拡大）」で、業務の効率化と新規業務の設計・立ち上げの両立が期待されています。省人化と新規顧客向け業務拡大を進めながら誤品出荷防止を進めていくことが求められ、誤品出荷防止のために人も時間も割くことはできない中で問題解決を図らなければなりません。
　このように、まず大前提として、自分たちが達成しなければならない

目標と問題解決の整合性がとれている必要があります。最初に、自分たちのミッションを認識しなければなりません。

2つめは、**顧客要求の認識**です（下図内❸）。最終顧客と直接関わりのない仕事の場合は、次工程を顧客とします。自分たちの仕事からのアウトプットを受け取り、そのアウトプットを使ったり、影響を受けたりする人たちが顧客です。**仕事の目的は顧客に価値を提供すること**にあり、顧客の要求に応えることにあります。

X社からの要求は、当然、「誤品ゼロ」と「発注当日納品」「顧客部門別発送梱包への多品種混載納品」です。多品種混載の上での即納体制の確立が求められている中で、誤品出荷対策を考えなければなりません。

問題解決は、当然、仕事の中の問題を解決することですから、仕事の目的である顧客の要求を満たすように解決を図らなければなりません。

3つめは、**最近の環境変化の認識**です（❹）。仕事を取り巻く環境は常に変化していきます。環境は、仕事をする上での前提条件となります。問題の多くは、環境変化によって仕事の前提条件が崩れたり変化してい

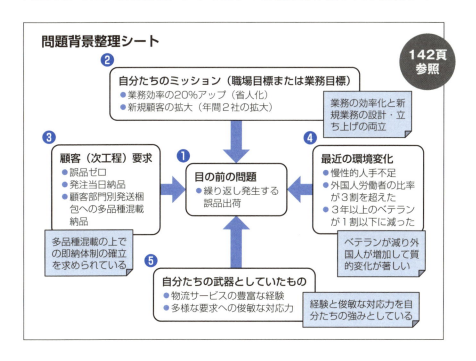

るにもかかわらず、従来の前提条件で仕事をしようとすることによって発生しています。

B社の最近の環境変化は、慢性的な人手不足にある中で、「外国人労働者の比率が3割を超えてきたこと」「3年以上のベテランが1割以下に減ったこと」にあります。ベテランが減り、作業者教育と現場管理が行き届かない中、外国人の増加によって言語の壁によるコミュニケーションエラーが多発していることが、誤品出荷の最大の原因と考えられます。しかし、慢性的な人手不足は一朝一夕で解決できるものではありません。したがって、外国人労働者とベテラン不在を前提として誤品出荷防止を考えていかなければなりません。

問題解決では、環境変化を認識し、最新の仕事の前提条件に合った形で取り組まなければなりません。

最後は、**自分たちの武器としていたものの認識**です（❺）。武器とは、仕事をする上で、自分たちの強みとして使ったり、依存する方法やツール、特徴のことです。過去の成功体験は、これら武器の上で成り立っているため、武器を使ったり、依存することへのこだわりは強くなります。ところが、仕事の環境や内容が変わっていく中で、武器が武器として通用しなくなっている場合も少なくありません。通用しなくなっているにもかかわらず、その武器にこだわることが問題を引き起こしてしまうのです。

B社では、経験と俊敏な対応力を自分たちの強みとしてきました。しかし、これは経験豊富なベテランがいることを前提とした強みであり、慢性的な人手不足の中、ベテランがいなくなっている状況では、もはや武器となっていません。

**問題解決では、陳腐化した武器を捨てることも必要です。**そして、新たな武器を手に入れることにチャレンジするのです。

4つの視点で問題の背景や取り巻く環境の認識を深めることで、自分たちの置かれた状況や会社の方針、顧客の期待に即した目的を設定できるようになるのです。

プロセス1　テーマ選定／設定1

# 問題の目的と対象を整理する

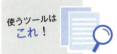

問題解決の目的・対象整理シート

## 目的は3つの視点で検討する

　背景や取り巻く環境を洗い出したら、それを前提として目的を検討します。問題解決の目的は、問題解決によって職場や仕事が良くなったり、価値が高まったりすることですが、3つの視点で考えると目的がイメージしやすくなります。

### 変化または成長の視点

　1つめは、変化または成長の視点です（45頁図内❶）。職場や仕事が**良い方向に変化する、または成長する**という視点で考えることです。このとき、先に洗い出した背景や取り巻く環境がヒントを与えてくれます。「自分たちのミッション」「顧客の要求」などは、自分たちへの期待が示されていますから、その**期待に応えるために、何をどのように変化させ、成長すればいいか**を考えてみましょう。

　B社では、「業務の効率化と新規業務の設計・立ち上げの両立」「多品種混載の上での即納体制の確立」が求められていることから、変化または成長のポイントは「効率化とミス防止を両立できる業務の設計力と立ち上げ力」をつけることにあると考えられます。

### 挑戦の視点

　2つめは、挑戦の視点です（❷）。**今までの自分たちの力ではできないとされていたことをできるように頑張る**ことが挑戦です。できないこ

とができれば、今まで得られなかったものが得られるようになるわけです。背景や取り巻く環境では、「顧客の要求」「最近の環境変化」がヒントを与えてくれます。外的要因から自分たちの現在の力では対応できないこと、足りないことが見えてきますから、何に挑戦すればいいのか考えてみましょう。

「多品種混載の上での即納体制の確立」が求められる一方で、「ベテランが減り外国人が増加して作業者の質的変化が著しい」状況にあります。このような中での挑戦ポイントは、「外国人でもミスなく効率的にできる多品種混載・即納の業務の仕組みづくり」にあると考えられます。

### 転換または打破の視点

3つめは、転換または打破の視点です（右頁図内❸）。自分たちの今までの考え方ややり方を壊して新たなステージに向かうことです。新たなステージに入ることで、今まで思いつきもしなかったことが思いつき、新たな価値を創造することができるようになります。「最近の環境変化」「自分たちが武器としていたもの」がヒントを与えてくれます。自分たちの常識にとらわれ、"井の中の蛙化"していることに気づき、世の中の常識と自分たちの常識の乖離に気づき、自分たちの何を転換させ、打破しなければならないのか考えてみましょう。

B社では、「ベテランが減り外国人が増加して作業者の質的変化が著しい」状況にあるにもかかわらず、経験豊富なベテランの存在を前提として「経験と俊敏な対応力が自分たちの強み」だと思い込んで仕事をしています。転換または打破のポイントは、「人の経験に依存した対応力から仕組みによる対応力への転換」にあると考えられます。

この3つのポイントを盛り込んだ問題の先にある目的を考え、その目的を実現するために問題解決の対象を何にすべきか考えて設定します（❺）。

「繰り返し発生する誤品出荷」（❹）の問題解決の目的は、「多品種混載・即納において外国人でも誤品出荷しない仕組みの設計力と立ち上げ力を身につけて誤品出荷を防止はかる」となり、対象は、誤品出荷に最

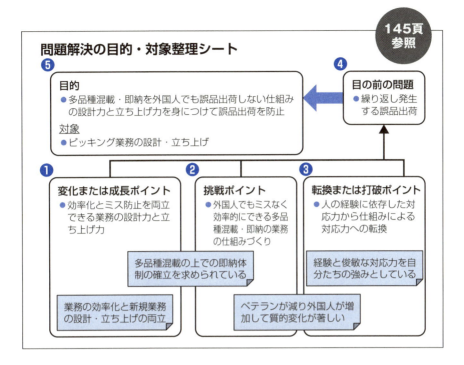

も関わる「ピッキング業務の設計・立上げ」となります。目的は、「設計力と立ち上げ力を身につける」ことにあり、単なる誤品出荷防止ではありません。当然、問題解決の対象は「ピッキング業務」ではなく、「ピッキング業務の設計・立ち上げ」となります。

プロセス1　テーマ選定／設定1

ステップ3

# 目的を達成するための問題解決のロードマップを設定する

使うツールはこれ！　問題解決のロードマップ

## ▌途中段階の姿を設定する

　設定された目的は、最終段階のめざす姿です。1回の取り組みで一足飛びにめざす姿にたどり着けるわけではありません。本質的な問題を解決する取り組みであれば、数回にわたる問題解決の取り組みが必要となります。目的の設定では、最終段階の姿だけでなく、そこに至る途中段階のめざす姿を設定することが、効果を確実に手に入れる問題解決につながります。途中段階の姿を設定することを「問題解決のロードマップを示す」と言います。

　問題解決のロートマップは、「基盤づくり」、「コアづくり」、「運用体制づくり」の3つの段階があります。

### 基盤づくりの段階

「基盤づくり」の段階（右頁図内❶）では、目的達成の前提となる**仕事の仕組みやプロセス、手順の確立、スキルの習得などをめざす取り組みをします**。前提となる仕組みやスキルの上で問題解決をしていくことになりますから、仕組みやスキルが確立できなければ、別の仕組みやスキルを考えなければなりません。仕組みやスキルが異なれば、当然、問題解決の方法は大きく異なるものになります。

　B社の「誤品出荷防止」の基盤づくりでめざす姿は、「多品種混載・即納業務の設計ができている」で、問題解決の前提条件である多品種混載・即納に対応したピッキング業務のプロセスと手順の設計ができるよ

うになることです。誤品出荷防止は、多品種混載・即納業務におけるものであり、顧客から業務要件がさらに厳しくなった中でも、誤品出荷防止ができるようになるためにまず取り組まなければならないのは、多品種混載・即納業務の設計・立ち上げ力を身につけることです。

### コアづくりの段階

「コアづくり」の段階（下図内❷）では、**目的を達成するための重要な部分（コア）を確立します**。問題解決の核心部分であり、最も知恵と工夫が求められます。問題解決の取り組みを効率的に行うためには、コアをなるべく小さく限定します。コア部分では、失敗が重なり、活動上のロスも多くなりがちです。ロスを小さくするためには、対象を小さく限定して失敗の影響範囲を少なくします。失敗を嫌がり、できることや実績あることだけで対策を進めると本質的な問題解決ができず、大きな効果は望めません。失敗することを前提にして失敗から学んで本質的問題解決をしていくためには、**コアを限定して最小のロスで解決**できるように

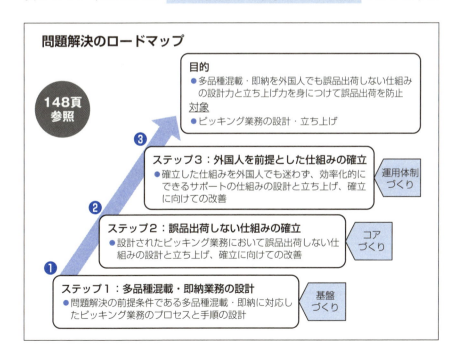

しましょう。

「誤品出荷を防止」のコアづくりは、まさに「誤品出荷しない仕組みの確立」です。設計されたピッキング業務において誤品出荷しない仕組みの設計と立ち上げ、確立に向けての改善ができるようにします。この段階では、まだ外国人のことは考慮せず、多品種混載・即納業務における誤品出荷の仕組みを設計し、立ち上げていくことをめざします。

### 運用体制づくりの段階

　最後の「運用体制づくり」（47頁図内❸）は、確立したコアを運用に移していくときの課題を洗い出して解決していく段階です。**実際の環境、人員、機器やシステム、製品やコンテンツなどによって運用**したとき、つくり上げた基盤やコアが正しく機能し問題が解決しているために、必要なことを明確にして対策していきます。

「誤品出荷を防止」する運用体制づくりは、「外国人を前提とした仕組みの確立」です。確立した基盤やコアの仕組みを外国人でも迷わず、効率的にできるサポートの仕組みの設計と立ち上げ、確立に向けての改善ができるようにします。

　コア部分の「誤品出荷しないピッキング業務」を外国人でも運用できるように、表示やガイドの整備、教育などを行っていきます。

　最後に、**目的と目的に至る途中段階のめざす姿**をイメージさせる問題解決のロードマップを1枚にまとめます。段階的歩みをイメージさせる資料を1枚に示し、共有することで、問題解決がブレなくチーム一丸となった取り組みとすることができます。

## プロセス1　テーマ選定／設定

# 1-2 課題解決の「めざす姿」を具体化するためのしかけ

ツール
▶シナリオ・マップ
▶めざす姿の定義シート
▶めざす姿のシミュレーション・プラン

**こんなときに**
- 解決策がめざす姿となってしまうとき
- めざす姿があいまいなとき
- 課題解決への取り組みがバラバラになるとき、まとまらないとき

## ■「夢」を実現する取り組みゆえの問題点とは

　課題解決は、実際に発生した問題に対する解決ではなく、こうありたい、こうしたいという「夢」を実現する取り組みとなるため、解決策が先行する場合が少なくありません。そのため、**解決策が「めざす姿＝目的」となってしまう**のです。本来は解決策のその先にめざす姿があります。しかし、解決策が具体的で今の仕事がどうなるかイメージできるため、それを実現したいという思いから解決策自体がめざす姿となってしまうのです。解決策をめざす姿にしてしまうと、**本来のめざす姿（目的）**を明確化しようとしないまま課題解決の取り組みを始めてしまいます。目的があいまいで人によってめざすものが異なる状態で解決策を展開していくと、取り組みがバラバラなものになったり、ねらいの違いからまとまらなかったりします。

## ■ケーキ屋のSNSによる集客はなぜ失敗したのか

　例えば、ケーキ屋の販売チームがSNSを使って集客して売り上げを上げようとお店の公式SNSの開設に取り組みました。開設する段階で、SNSで発信する情報を何にすべきか、チーム内で意見が分かれましたが、全員が必要と考えた、「販売しているケーキの写真と説明文」を掲載することでまとまりました。開設後6ヶ月経ちましたが、SNSの読者は増えず、集客は失敗に終わりました。なぜなら、この事例では、SNSの開設がめざす姿（目的）となり、開設することに向けてチームとして取り組んでいたからです。本来SNSは、個人とのつながり広げ、口コミから集客するものです。新規のお客を直接集める手段のツールではありません。既存顧客とのつながりを濃くして、お店のファンになってもらい、そのファンが口コミで新たなお客さんを連れてくるという仕組みです。この場合のめざす姿（目的）は、「お店のファンを増やす」というものにしなければならなかったのです。ケーキの写真や説明では誰もファンにはなりません。ケーキづくりのプロセスや店独特のこだわりや製法などのノウハウを見せて、ケーキに対する信頼感や愛着を醸成する情報発信をしなければならなかったのです。

　では、「加速度センサーメーカーの受託開発サービスのリーン開発モデルの構築」を事例に、どのような道具を使って、めざす姿を設定し具体化するか説明します。

### 事例　新しい開発モデルの構築をめざす！

　S社は、加速度センサーのメーカーです。通信機器用、産業用、医療用、車載用など様々な分野の製品に組み込まれる加速度センサーを開発し、提供しています。
　顧客側は、加速度センサーから得たデータを処理する演算処理モジュールを開発して加速度センサーと組み合わせて製品に組み込ん

でいます。従来から、顧客側で開発する演算処理モジュールと加速度センサーの性能のすりあわせに手間と時間がかかり、最終段階で加速度センサーの大幅な設計変更を必要となることもありました。

　専業メーカーとして、加速度センサーの開発力は顧客より高いと自負しています。そこで、自社と顧客の双方に手間と時間のかかる演算処理モジュールと加速度センサーのすりあわせ開発を自社で一括してできるようにして顧客に売り込む戦略を立て、演算処理モジュールと加速度センサーの一括開発の課題解決に取り組むことにしました。

　この事例の課題解決のめざす姿の具体化し設定するためにはどのように取り組めばいいか考えてみましょう。

## ●課題解決の「めざす姿」を具体化するためのステップ●

**ステップ1** めざす姿のシナリオを作成する

**ステップ2** めざす姿を定義する

**ステップ3** めざす姿のシミュレーション・プランを立案する

プロセス1 テーマ選定／設定2

# めざす姿のシナリオを作成する

シナリオ・マップ

## 最終段階の業績から上流にさかのぼっていく

　めざす姿は、「何がどのようになって、どう良くなる」という筋書き、つまり、シナリオで考えていくと具体化することができます。仕事におけるシナリオは、「業績」→「顧客」→「業務プロセス」→「学習と成長」という順に、最終段階の業績から上流に遡っていくアップストリーム型で展開していきます。仕事は会社などの組織における営利活動ですから、業績を達成することが最終段階にあります。高い業績を得るためには「顧客」に製品やサービスを選んでもらえなければなりません。顧客に選ばれる製品やサービスを提供するためには、より良い業務プロセスを構築しなければなりません。より良い業務プロセスを構築するためには、人と組織が学習し、成長できなければなりません。

## シナリオテーマを明確にする

　まず、シナリオテーマを明確にします（右頁図内❶）。何のめざす姿を定義するのか明確にします。事例の場合、「自社の開発力を商品化して、演算処理モジュールと加速度センサーの一体開発を売り込みたい」です。

**業績の視点**

　シナリオテーマに即して、業績の視点でシナリオを考えます（❷）。営利目的のビジネスであれば、多くの場合、第一の得たい業績は利益の確保です。利益の確保について、シナリオテーマの範疇の中でどのよう

な業績が高まれば達成できるのか考えます。1つは「新規受託開発の売り上げアップ」でしょう。もう1つは、「開発生産性の向上」と考えられます。売り上げがあっても生産性が低ければ利益は出ません。この事例の場合、すりあわせ開発に手間と時間がかかっているので、生産性を高めることが利益確保では重要になります。

### 顧客の視点

続いて顧客視点でシナリオを考えます（下図内❸）。業績を得るためには顧客にどのような価値を提供できていなければならないか考えます。開発において、売り上げを高めるためには、新技術を売り込むことが重要ですから、「新製品の新技術採用率の向上」がめざす姿の1つとなります。「開発委託先としての信頼性向上」も不可欠です。生産性を高めるためには、開発の停滞や後戻りによる開発ロスをなくすことが重要ですから「新製品立ち上げスピードの向上」がシナリオとなります。

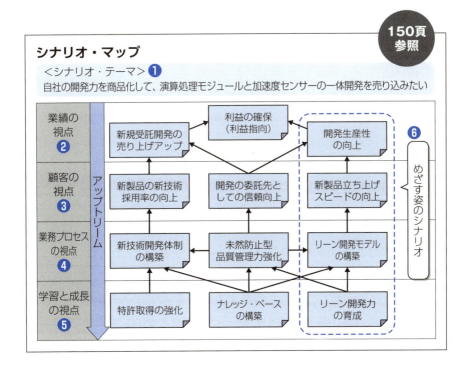

### 業務プロセスの視点

そして、業務プロセスのシナリオを考えます（53頁図内❹）。顧客に魅力ある価値を提供するためには、どのような業務プロセスが構築できていなければならないかを考えます。新技術の採用率を高めるためには、「新技術開発体制の構築」必要です。開発委託先として信頼を得るには、「未然防止型の品質管理力強化」が不可欠です。新製品の立ち上げスピードを高めるためには、「リーン開発モデルの構築」が合っていると考えられます。ちなみに、リーン開発モデルとは、従来、プロセス順に開発していたものを機能別に開発するスタイルのことを言います。

業務プロセスのシナリオでは、プロセスの背景となる技術や手法を選択することに迷います。シナリオ作成では、原則的にチャレンジする姿勢で、自分たちにとって効果の大きい技術や手法を選択しましょう。後ほどシミュレーションを行う段階がありますから、実現性などはそのシミュレーションを通じて評価して、その後見直していきましょう。

### 学習と成長の視点

最後は、学習と成長の視点でシナリオを考えます（❺）。より良い業務プロセスを構築できるようになるためには、人や組織がどのような学習や成長すべきか考えます。新技術開発体制の構築では、特許レベルの新技術が生み出せるスキルが必要で「特許取得の強化」がシナリオと考えられます。未然防止型品質管理力の強化では、未然防止のノウハウを蓄積して活かせる「ナレッジベースの構築」がシナリオとなります。リーン開発モデルの構築では、新たな開発スタイルを導入する力が不可欠で「リーン開発力の育成」がシナリオとなります。

各視点でのシナリオができたら、一連のシナリオをつなげてめざす姿を検討していきます。一連のシナリオが複数ある場合は、シナリオテーマに最も関連性が高く、大きく寄与するものを選びます。事例の場合は、すりあわせ開発に手間と時間がかかっていることから、開発生産性の向上を頂点とした一連のシナリオがめざす姿のシナリオとなります（❻）。

プロセス1　テーマ選定／設定2

# めざす姿を定義する

  めざす姿の定義シート

## 学習と成長の視点からダウンストリーム型で作成する

　シナリオが作成できたら、そのシナリオを元にめざす姿を定義します。シナリオの視点ごとにめざす姿を定義し、それをまとめた、総合的なめざす姿を作成します。今度はシナリオ作成とは逆に、学習と成長の視点からめざす姿を定義して最終段階の業績視点に向かっていくダウンストリーム型で作成していきます。

### 学習と成長の視点

　スタートは、学習と成長の視点でめざす姿を定義することです（56頁図内❶）。シナリオをより具体化して、何がどのように学習できていて、何が成長しているかイメージできる文章としてまとめます。事例では、リーン開発の育成がシナリオなので、「自社に合ったリーン開発モデルを設計し導入できる人材の育成」のできている状態をめざす姿として定義しました。

### 業務プロセスの視点

　続いて、業務プロセスの視点でめざす姿を定義します（❷）。業務を行うプロセスや体制がどのようになっているかイメージできる文章としてまとめます。前後のシナリオも踏まえてまとめます。リーン開発モデルの構築のシナリオを具体化して、「プロセス順型開発から、機能別のリーン開発型へ転換した開発モデルの構築」のできている状態をめざす

姿としました。

### 顧客の視点

　次は、顧客の視点でめざす姿を定義します（下図内❸）。顧客に対して提供する価値について、何をどのように提供しているかイメージできる文章にします。前後のシナリオも踏まえてまとめます。新製品の立ち上げスピードの向上のシナリオに対して、リーン開発の特徴である「開発上流での品質のつくり込みによるリードタイム短縮」を含めたシナリオとし、「開発上流での製品品質の完成度を高めて開発リードタイムを短縮し、顧客の新製品立ち上げスピードアップに貢献」できている状態をめざす姿としました。

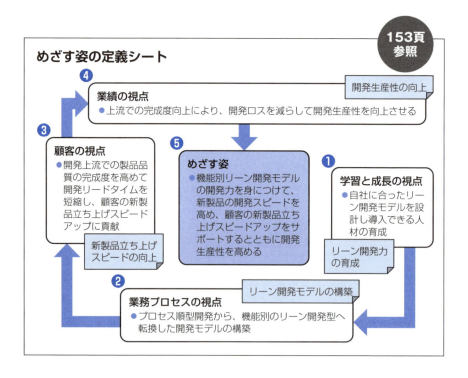

### 業績の視点

最終段階の業績の視点でめざす姿を定義します（左頁図内❹）。会社の業績として、何がどのように良くなっているかイメージできるようにまとめます。もともとのシナリオテーマから外れて、単なる業績の説明になってしまう場合があるので気をつけましょう。開発生産性の向上のシナリオに対して、「上流での完成度向上により、開発ロスを減らして開発生産性を向上させる」ことのできている状態をめざす姿としました。ここでもリーン開発の特徴である上流での完成度向上を組み込み、シナリオ間のつながりが途切れないようにしています。

### めざす姿

最後は、これまでの視点ごとのめざす姿をまとめて、課題解決のめざす姿としてまとめます（❺）。各視点のめざす姿の要点をつなぎ合わせて作成するのが基本となります。課題解決における対策イメージは、業務プロセスのシナリオを中心として、得たい効果は、顧客と業績のシナリオを中心としてまとめます。「機能別リーン開発モデルの開発力を身につけて、新製品の開発スピードを高め、顧客の新製品立ち上げスピードアップをサポートするとともに開発生産性を高める」をめざす姿としてまとめました。

プロセス1 テーマ選定／設定2

ステップ3

# めざす姿のシミュレーション・プランを立案する

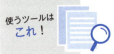

使うツールはこれ！

○ めざす姿のシミュレーション・プラン

## ▍想定外の事態に備える

　シナリオを元にめざす姿が定義できたら、そのシナリオに沿って課題解決に取り組むことでめざす姿が達成されることになります。しかし、作成したシナリオもめざす姿も机上で考えたことです。自分たちが経験したことのない世界の話ですから、当然、**想定外の事態もありえます**。実際に課題解決に取り組んでから想定外のことが発生して、取り組んだことがすべてムダになることもあるかもしれません。本格的に課題解決に取り組む前に、1つでも想定外を洗い出し、対応プランをもって望むことが確実に結果を出す課題解決につながります。

　そのためには、シナリオに沿っためざす姿のシミュレーションを行い、それぞれのシナリオにおけるめざす姿の事例を積み上げていくことで、最後のめざす姿を達成できるかを検証していきます。まずは、そのためのシミュレーション・プランを作成します。**シミュレーションは、シナリオごとのめざす姿が実現できている状態、または実現するための対策を再現すること**です。実際の仕事の中で試行的に行うことが望ましいのですが、様々な制約がありますので、実験的に行ったり、ロールプレイとして演じてみたりして検証します。

## ▍シミュレーションのねらいを明確にする

　シミュレーション・プランの作成では、シミュレーションのねらいを明確にし、シミュレーションが正しく行われ、その結果を適切に評価で

きるようにします。

　学習と成長のめざす姿のシミュレーションでは、実際に学んだり習得したりして、**期待するアウトプットを出せるかを試してみます**。リーン開発力の育成のシナリオに対しては、ねらいを「リーン開発を理解し、自社に合った応用できる素養があるか確認」とし、「リーン開発の外部研修を受講し、自社の扱う製品開発に応用できる提案ができるか否かで確認する」という方法で確認するプランを立てました。

　業務プロセスのめざす姿のシミュレーションでは、**めざす姿の業務プロセスを再現または実験**してみて確認します。リーン開発モデルの構築のシナリオに対して、ねらいを「自社の扱う製品にリーン開発が適用できるか評価」におき、「自社のリーン開発モデルフローを作成。開発済みの製品の開発データを使って、そのフロー通りに必要とする開発事項がクリアできるか評価する」という方法で確認するプランとしました。

　顧客のめざす姿のシミュレーション・プランでは、顧客に提供する価値が実際に生み出すことができるのか、価値として認められるのか、実

## めざす姿のシミュレーション・プラン
（155頁参照）

**めざす姿**
- 機能別リーン開発モデルの開発力を身につけて、新製品の開発スピードを高め、顧客の新製品立ち上げスピードアップをサポートするとともに開発生産性を高める

| 視点 | シナリオ項目 | ねらい | 方法 |
|---|---|---|---|
| 学習と成長 | リーン開発力の育成 | リーン開発を理解し、自社に合った応用できる素養があるか確認 | リーン開発の外部研修を受講し、自社の扱う製品開発に応用できる提案ができるか否かで確認する |
| 業務プロセス | リーン開発モデルの構築 | 自社の扱う製品にリーン開発が適用できるか評価 | 自社のリーン開発モデルフローを作成。開発済みの製品の開発データを使って、そのフロー通りに必要とする開発事項がクリアできるか評価する |
| 顧客 | 新製品立ち上げスピードの向上 | 新製品の開発スピードが向上するか検証 | 2のフローとシミュレーション結果から開発のリードタイムがどのくらい短くなるのか試算し評価する |
| 業績 | 開発生産性の向上 | 開発ロスが減り、開発生産性が高まるか検証 | 2のフローとシミュレーション結果から発生した問題の内、どの程度が上流で解決され、開発ロスが減り、どの程度開発生産性が高まるのか試算し評価する |

（左側に「シナリオ」のラベル）

Part 2　問題解決力を高めるしかけ

験的に価値をつくり出して確認します。新製品立ち上げスピードの向上では、ねらいを「新製品の開発スピードが向上するか検証」とし、「リーン開発モデルの構築のシミュレーションで作成したフローとシミュレーション結果から開発のリードタイムがどのくらい短くなるのか試算し評価する」方法で確認するプランを考えました。

業績のめざす姿のシミュレーション・プランでは、**これまでのシナリオに基づく取り組みの結果から期待される業績が生まれるのか、生み出された業績は、経営的に評価できるものかを確認します。**開発生産性の向上では、ねらいを「開発ロスが減り、開発生産性が高まるか検証」におき、「リーン開発モデルの構築のシミュレーションで作成したフローとシミュレーション結果から発生した問題のうち、どの程度が上流で解決され、開発ロスが減り、どの程度開発生産性が高まるのか試算し評価する」という方法で確認するプランとしました。

## 失敗から様々な学びを得る

シナリオごとのめざす姿のシミュレーション・プランができたら、シミュレーションを行います。シミュレーションは、最初は必ずと言っていいほど失敗します。失敗によるダメージを最小となるように、範囲を限定したり、段階的行ったりする工夫をしましょう。

シミュレーション結果からは様々な学びを得ることができます。想定外のこともたくさん発生します。それを元にシナリオの見直し、めざす姿の再定義を行っていきます。シミュレーションを行えば、もう未経験ではありません。経験することで気がつかなかったことも気づけるようになりますし、実現性の高い対策を立案できる力も高まります。

> レベルアップ編

# 競争力ある問題解決のためのしかけ

　シナリオ・マップから始まるめざす姿の設定は、社内で完結したシナリオ（プロセス）を元にしていますが、実際のビジネスは社内だけでなく、顧客や取引先を含めた一連のビジネスプロセスによって成り立っています。競争力ある課題解決のためには、めざす姿を設定する際は、顧客や取引先を含めた一連のビジネスプロセスにおける自社のポジションや優位性を踏まえたビジネスモデルとして定義する必要があります。そのための方法を、レベルアップ編としてステップで紹介します。

**使うツールはこれ！**　ビジネスモデルのめざす姿定義シート

### ステップ1　今までのビジネスモデルを確認する

　今まで、成功に導いてきたビジネスモデルの姿を確認します（62頁図内❶）。強み、顧客から評価される点、価値の源泉として成功してきたビジネスモデルを明らかにします。この際、過去に積み上げてきた強みや評価を活かすことが競争力あるビジネスモデルの創造には不可欠です。

### ステップ2　会計指標から現在の状況と課題を整理する

　開発プロセスに関わる会計指標のデータを収集します。データから現在のプロセスの状態を評価し、抱えている問題や課題を読み取ります（❷）。
　開発プロセスの製品技術や開発力の競争力を見る限界利益率は低下しています。開発の労働生産性も低下していました。ここからわかるのは、「加速度センサーとしての技術的進化は限界に達しており、センサー単体としての性能や特徴のこれ以上の進化は望めない。他社と差別化ができなくなりつつあり、販売価格を下げないと売れなくなっている」ということです。
　市場や顧客の求める開発ができているかを見る売上高の伸び率は伸び悩んでいます。ビジネスリスクの影響を受ける度合いを見る損益分岐点は高くなっています。ここからわかることは、「人件費や原材料費が年々高くなる一方で、販売単価は下落し、損益分岐点は高くなり、搭載製品も一巡し、これ以上の売り上げは期待できず、赤字になるリスクが高くなっている」ということです。

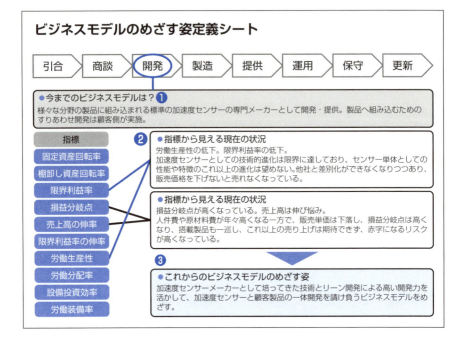

### ステップ3　新たなビジネスモデルのめざす姿の定義

　プロセスの状態を評価し、抱えている問題や課題を読み取ったら、新たなビジネスモデルのめざす姿を定義します。新たなビジネスモデルの定義では、これまでのビジネスモデルの強みや顧客からの評価を盛り込みます（上図内❸）。

　技術的進化の限界から製品単体での付加価値向上は難しくなり、搭載製品の一巡から売り上げ拡大も期待できなくなっている中、これまでの加速度センサーの専門メーカーとして培ってきた技術とリーン開発による高い開発力を活かした開発請負ビジネスへ転換することを考え、めざす姿を「加速度センサーメーカーとして培ってきた技術とリーン開発による高い開発力を活かして、加速度センサーと顧客製品の一体開発を請け負うビジネスモデルをめざす」としました。

　メーカーとして、製品の付加価値だけに頼るビジネスから、自社の持つ開発力を付加価値とし、製品と併せた複合的な付加価値にすることによって、競争力あるビジネスモデルとすることができます。

プロセス2　問題把握／課題設定

# 2-1 仕事のプロセスを見える化して本当の問題を認識するためのしかけ

ツール
- ▶プロセス・パフォーマンスチャート
- ▶影響度評価シミュレーション・プラン

こんなときに
- ●不安を問題としてしまうとき
- ●問題が見えない・見ていないとき
- ●的外れな問題解決を繰り返すとき

## ■「問題」ではないものを問題視してしまう3つのパターン

　問題は何らかのマイナスの影響が起きている状態を指しますが、まだ影響が出ていないのに問題と感じてしまうことがあります。仕事において思ったようにことが進んでいないとき、出るはずの結果が出ていないときに、人はそれを「問題」と感じてしまいます。これには、3つのパターンがあります。1つは、**不安を問題と取り違えてしまっている**パターン、次に、良い結果が出るとはずだと思っているのに出てこないことに対する**焦り**のパターン、最後が、**結果は出ているのにそれが見えていない**ため、失敗したと思ってしまうパターンです。
　なぜ、不安や焦りを問題としてしまったり、結果が見えない状態になったりするのでしょうか。

## ■2点管理とプロセス管理

　その原因は、仕事におけるプロセスを見て管理していないことにあります。仕事の管理スタイルには、**2点管理**と**プロセス管理**の2つがあり

ます。2点管理とは、**計画と結果の2点の比較によって管理する方法**です。プロセス管理は、実行段階の**プロセスのパフォーマンスを見て管理する方法**です。2点管理では、実行段階のプロセスを見ていないため、実行状態がうかがい知れない**ブラックボックス状態**に置かれてしまいます。ですから、思ったようにことが進んでいるかわからず不安に感じてしまうのです。結果で物事を判断する傾向が強く、常に結果を期待しているため、まだ途中段階にあるにもかかわらず、良い結果、または良い兆候を期待し、それが出ていないとただちに「問題」だと"認定"してしまうのです。また、結果は、すぐに数値として表れなかったり、他の要因から見えなくなってしまうこともあります。目に見える結果として表れないことで失敗だと思ってしまうこともあるのです。このように2点管理で仕事を管理している職場では、不安や焦りを問題と感じてしまったり、結果が見えず失敗と思ってしまうことがあります。

　本書のテーマは問題解決ですから、仕事のプロセス管理の進め方については、ここでは割愛させていただきます。

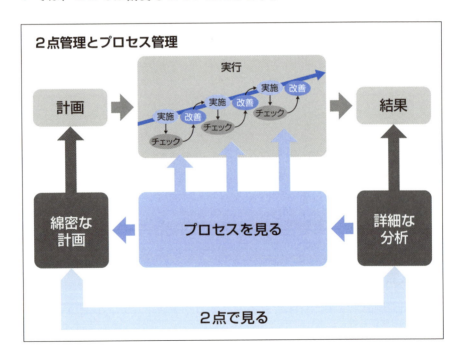

最終的に仕事が期待通りの結果を生み出して完了するのであれば、何も問題ありませんが、期待通りの結果を生まないのであれば、仕事の中に潜む問題を解決しなければなりません。しかし、2点管理では不安や焦り、結果の見えないことを問題としてしまって、**本当の問題が見えていないことに取り組み上の問題があります**。

　例えば、ある秤メーカーの組み立てラインで日あたり生産数を高めるために、作業時間が一番長い「カバー取付けネジ締め工程」に自動ネジ締め機を導入して作業時間を30％短縮しました。しかし、日あたり生産数はほとんど変わりませんでした。そこで、「カバー取付けネジ締め工程」の改善を繰り返しましたが、日あたり生産数は変わりませんでした。

　秤の組み立てでは秤の指示値のズレを調整しなければなりません。規定範囲の精度でなければ検定証を貼ることができないのです。調整は1台あたり3回以上行っています。多いものでは5回以上あり、日によって大きく変動します。ところが当のメーカーの担当者たちは、調整作業は秤を組み立てる上で当然の作業だと思っていて、その多さに問題を感じていませんでした。詳しく調べてみると、「カバー取付けネジ締め工程」の作業時間は調整回数の影響をまともに受けていて、日あたり生産数は、調整回数の変動で大きく左右されていたのです。このラインの生産数を低下させている問題は、調整回数の多さにあったのです。

　このように、長年の常識や思い込みがあると本当の問題はますます見えなくなり、的外れな改善をしてしまうこともあるのです。

　では、「社内無線ＬＡＮ用のルーター販売会社における営業活動の受注数の伸び悩み問題」を事例に、どのようなツールを使って本当の問題を認識していくのか説明します。

**事例** 受注数が伸びないのは価格のせい？　それとも……

　R社は、企業向けに社内無線LAN用のルーターを販売している会社です。ルーターは、無線発信基地局として、パソコンやプリンターと無線で接続し、接続された機器同士でデータのやりとりができるようにする機器です。

　販売では、単に機器の販売だけに留まらず、LANの設置範囲、接続機器の選定、セキュリティ設定などをどうすればいいか提案して、設置工事なども請け負っています。

　企業の社内LANのニーズは増えているのに、受注数は思うように伸びていません。見積もりを出しても半分は他社に取られてしまうのです。問題は、「価格が高いため他社に負けて受注数が増えない」と思っています。はたして、本当に価格の問題でしょうか。

　本当の問題を認識するためにはどのように取り組めばいいか考えてみましょう。

● **本当の問題を認識するためのステップ** ●

**ステップ1** 結果をつくっている仕事のプロセスを見える化する
**ステップ2** パフォーマンスと流れから問題点を明確化する
**ステップ3** 影響度評価シミュレーション・プランの立案

プロセス2　問題把握／課題設定1

# 結果をつくっている仕事のプロセスを見える化する

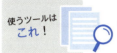

使うツールはこれ！

○ プロセス・パフォーマンスチャート

## プロセスを見える化するとは

　プロセスとは、インプットに何らかの処置をしてアウトプットを生み出すものを指します。1つのプロセスのアウトプットは、次のプロセスのインプットになります。ですから、前のプロセスのアウトプットの状態は、次のプロセスに大きく影響を与えます。また、前のプロセスから十分なアウトプットが流れて来なければ、次のプロセスがどんなに高いパフォーマンスを持っていても、全体に対しては何も貢献できないものとなってしまいます。良い結果をつくるためには、プロセス1つひとつのパフォーマンスの高さも重要ですが、それらが<u>うまく連携して機能していること</u>がさらに重要です。

　仕事において結果をつくっているプロセスを見える化し、連携状態の問題点を見出すことで、その仕事の本当の問題を認識することができます。仕事は、複数のプロセスが連鎖して達成され、結果をつくっていますが、自分たちの仕事のプロセスにはどのようなものがあり、それがどのようにつながり、結果を受け渡しているか、ひとめでわかるようにすることが<u>仕事のプロセスの見える化</u>です。

　仕事において結果を生み出す一連のプロセスを洗い出し、そのつながりをフローチャートとして表します。つながりとは、プロセスのアウトプットとインプットの関係です。Aプロセスのアウトプットがbプロセスのインプットである場合、Aプロセスが上流側のプロセスで、Bプロセスが下流側のプロセスとなり、フローチャート上ではAプロセスから

Bプロセスに矢印が引かれます。

## プロセスとパフォーマンスをフローチャートで明らかにする

　R社の営業プロセスは、「受注」を結果として、「製品説明会」「訪問説明」「提案」「見積もり」というプロセスが連鎖しています。これが基本的な営業プロセスです。基本プロセスに平行して、「Web広告」「資料請求」というプロセスがあり、「資料請求」からのアウトプットが基本プロセスの「提案」プロセスのインプットとする流れもあります。

　プロセスのつながりをフローチャートにできたら、プロセス間のパフォーマンスを調べて書き加えます。パフォーマンスとは、プロセスで処理した件数のうち、何件がアウトプットされ、次のプロセスにインプットされたかの割合のことです。件数とともにパーセントも記載します。「製品説明会」は、340件（説明会参加者）のうち、12件が訪問説明につなげられていました。「Web広告」は245件（広告ページ来訪者）のうち、8件が「製品説明会」への参加、39件が資料請求へとつながりました。同様にすべてのプロセスを調査し、「資料請求」プロセスから、「見積もり」プロセスと「受注」へつながる流れがあることがわかりました。

　調べた件数とパーセントからプロセスの次につなげる高さ、結果を生み出す高さを読み取り、本当の問題を明らかにしていきます。

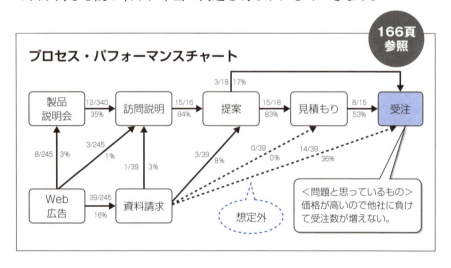

プロセス2　問題把握／課題設定

## パフォーマンスと流れから問題点の明確化をする

使うツールはこれ！

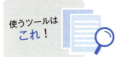

プロセス・パフォーマンスチャート

### ▍問題点を数字から読み取る

　フローチャートができ、パフォーマンスを調べたら、各プロセスのパフォーマンスと流れから問題点を読み取っていきます。

　問題点は、件数とパーセントの視点から読み取ります。

　**件数は、結果をつくる大きさそのものを表しています**から、どのプロセスが結果に大きく寄与しているのか、逆に寄与していないプロセスはどれなのかを教えてくれます。1つのプロセスにインプットされる複数のプロセスからのインプット件数を比較し、結果につながるボリュームの大小の流れの違い、実際の仕事での力のかけ具合の違いのズレを見て、問題点を洗い出します。

　受注につながる流れは、「提案」プロセスからの直接受注が3件、「見積もり」からが8件、資料請求からの直接受注が14件ありました（70頁図内❶）。基本プロセスとしていた「提案」「見積もり」プロセスからよりも「資料請求」プロセスからの受注の方が多いことがわかりました。元々、「資料請求」からは「提案」つながることを想定していて、「資料請求」からの直接受注は想定外でした。しかし、想定外の流れが最も結果を多くつくるプロセスだったのです。問題点は、「受注につながる流れの実態は、資料請求からの流れが主流となっているにもかかわらず、提案を前提とした流れで仕事がされていた。資料請求の資料は直接受注を想定したデザインでなく、資料請求からの直接受注の可能性を下げている」（❷）ということになります。

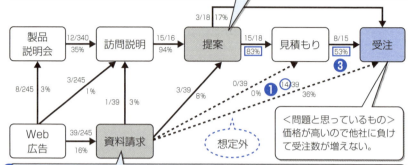

　**パーセントは、プロセスの効率を表しています**。一連のプロセスのパーセントの大小を見ていき、途中でそれまでのパーセントより大きく下回っている場合、そのプロセスが全体の効率を落とすネックプロセスであることを教えてくれます。

　「訪問説明」「提案」「見積もり」「受注」の一連のプロセスでは、「訪問説明」と「提案」では、83〜94％と高い確率で次につなげてきていましたが、「見積もり」から受注では、53％と大きく低下しています（上図内❸）。つまり、「訪問説明を経て提案した案件の83％は、見積もりとなり、そのうちの53％が受注しているが、47％は失注している。提案しても金額で落とされているということは、提案内容が価格を凌駕する訴求性あるものとなっていない可能性がある。または、費用イメージができない提案になっていた」ことが問題点であると言えます（❹）。

**ステップ3** プロセス2　問題把握／課題設定2

# 影響度評価シミュレーション・プランの立案

使うツールはこれ！　**影響度評価シミュレーション・プラン**

## ▎データで判断するなら3つの局面から

　プロセス・フローチャートから洗い出された問題点は、プロセスのパフォーマンスデータから導き出されたものですから、100%机上論の問題点ではなく、ある程度、信憑性は高いものとなります。しかし、プロセスのパフォーマンスデータは、プロセスからのアウトプットの状況を表しているだけで、そのプロセスに内在する問題点は、推定の域を出ません。データを根拠に推定しているので、あたかもそれが事実のように感じてしまい、その推定に疑問を持たずに突き進む怖さがあります。プロセス・フローチャートのパフォーマンスデータには、気をつけなければならない落とし穴があります。過去の事実から集めたこれらのデータは、1局面のデータしかありません。悪いと判断したところは、悪いデータしかなく、良いデータと判断したところには良いデータしかありません。

　データに基づいて問題を特定するときは、できれば、3つの局面のデータが必要です。最低でも2つの局面のデータを揃えましょう。3つの局面とは、良いケース、中間のケース（良くも悪くもないケース）、悪いケースのことです。最低限の2つの局面は、良いケースと悪いケースです。3つまたは2つの局面のデータを基に問題を特定した場合は、相当高い信頼性がある判断ができます。

　洗い出した問題の信憑性を高めるために、それが悪い結果を引き起こしている本当の問題なのか、その影響度をシミュレーションによって評

価します。シミュレーションは、実際の仕事の中で試行的に行うのが理想ですが、様々な制約がありますので、実験的に行ったり、ロールプレイとして演じてみたりして影響度を評価します。

## シミュレーション・プラン作成のポイント

シミュレーション・プランの作成では、シミュレーションでのねらいを明確にし（下図内❷）、シミュレーションが正しく行われ、結果を適切に評価できるようにします。シミュレーション方法は、2つないし3つの局面をつくり出して評価する方法を計画します（❸）。

「提案プロセスで訴求力の弱い提案となっている。費用イメージができない提案となっている」という問題に対しては、ねらいを「訴求性ある提案であれば、見積もり後の失注率は下がるか検証」として「提案書の訴求点の重きの置き方を3パターン変えた提案書を作成して、既存顧客に協力いただき、アンケート評価してもらう。評価の高かったパターンの提案書を試行的に使い失注率を測定する」方法でシミュレーション

### 影響度評価シュミレーション・プラン

169頁参照

❶ 問題1
- 提案プロセスで訴求力の弱い提案となっている。費用イメージができない提案となっている。

| | ❷ ねらい | ❸ 方法 |
|---|---|---|
| 1 | 訴求力がある提案であれば、見積もり後の失注率は下がるか検証 | 提案書の訴求点の重さの置き方を3パターン変えた提案書を作成して、既存顧客に協力いただき、アンケート評価してもらう。評価の高かったパターンの提案書を試行的に使い失注率を測定する。 |
| 2 | 費用イメージを明確にした提案であれば、見積もりを経ず、直接受注となる割合が増えるか検証 | 費用算定のできる資料、投資対効果のイメージできる資料を2パターン作成し、試行的に提案書に添付して、資料の有無、パターンの違いで直接受注となる割合を測定する。 |

問題2
- 資料請求プロセスで直接受注を前提とした資料がつくられていない。

| | ねらい | 方法 |
|---|---|---|
| 1 | 導入手順、準備事項のイメージできる資料にすれば、直接受注となる割合が増えるか検証 | 導入手順、準備事項のイメージできる資料を2パターン作成し、試行的に添付して、資料の有無、パターンの違いで直接受注となる割合を測定する。 |
| 2 | 費用イメージを明確にした資料であれば、直接受注となる割合が増えるか検証 | 費用算定のできる資料、投資対効果のイメージできる資料を2パターン作成し、試行的に添付して、資料の有無、パターンの違いで直接受注となる割合を測定する。 |

し、評価します。もう1つのねらいを「費用イメージを明確にした提案であれば、見積もりを経ず、直接受注となる割合が増えるか検証」とおき、「費用算定のできる資料、投資対効果のイメージできる資料を2パターン作成し、試行的に提案書に添付して、資料の有無、パターンの違いで直接受注となる割合を測定する」方法で評価します。

「資料請求プロセスで直接受注を前提とした資料がつくられていない」という問題に対しては、ねらいを「導入手順、準備事項のイメージできる資料にすれば、直接受注となる割合が増えるか検証」「費用イメージを明確にした資料であれば、直接受注となる割合が増えるか検証」の2つとし、「導入手順、準備事項のイメージできる資料を2パターン作成し、試行的に添付して、資料の有無、パターンの違いで直接受注となる割合を測定する」「費用算定のできる資料、投資対効果のイメージできる資料を2パターン作成し、試行的に添付して、資料の有無、パターンの違いで直接受注となる割合を測定する」の方法で検証します。

## 結果から学び、問題点を洗い直す

影響度評価シミュレーション・プランができたら、プランにしたがってシミュレーションを行います。シミュレーションは、最初は必ずと言っていいほど失敗します。失敗によるダメージを最小となるように、範囲を限定したり、段階的行ったりする工夫をしましょう。

シミュレーション結果からは様々な学びを得ることができます。想定外のこともたくさん発生します。それを元にプロセス・フローチャートの見直しとパフォーマンスデータの再収集を行って、問題点の洗い直しを行います。

プロセス2　問題把握／課題設定

# 2-2 問題を切り分けて正しく認識するためのしかけ

ツール
▶問題事象整理シート
▶プロセス×行動マトリックスシート
▶問題行動の事実・相関確認シート

**こんなときに**
- 問題が大きすぎるとき、複雑すぎるとき
- 問題に対して何から手を付けていいかわからないとき
- 原因が多岐にわたり、やることが多すぎるとき

## 問題を切り分けて一番大きな問題を特定する

　問題を解決しようとしたとき、問題が大きすぎたり、複雑すぎて何から手を付けていいかわからないことがあります。特に、ビジネス上の課題やシステム・制度に関連した問題・課題は、このような傾向になります。これらの業務は、**プロセスが多段階**であったり、**複数の機能や仕組みで構成**されたりしていて、問題の原因が多岐にわたる上、相互に関連していることから問題が大きくなり、複雑になってしまうのです。

　例えば、物流システムの受託開発を行っているチームが、1年かがりで開発してきたシステムについて、納期の1ヶ月前になって完成が半年遅れると言ってきました。システム開発の納期遅延問題は昔からよくある話ですが、なかなか解決できない問題でもあります。納期遅延引き起こす原因は多岐にわたり、それぞれのケースで致命的となった原因は違う上、人によって致命的原因に対する認識が異なることも少なくありません。システム開発では、仕様はコロコロ変わり、見積もりは常に少なめで慢性的人手不足、人によるスキル差も大きく、テスト段階で問題が

続出してその対応に忙殺され、開発に集中できないといったことが起きています。このような状況の中で、悪いことが積もり積もって納期が遅れるのです。このような状況にあるチームで納期遅延の問題解決に取り組むとき、何から手をつければいいでしょうか。納期遅延となった致命的に原因を探そうと思っても見つかりません。

　このような問題を解決するには、**問題を切り分けて小さくし**、最も影響の大きい問題を特定した上で対策します。仕様変更の問題、人手不足の問題、スキル差の問題、トラブル対応の問題に分けます。問題を小さく切り分けることで原因が特定しやすくなり、対策も容易になります。

　では、「オフィスの清掃請負サービスの営業の問題」を事例に、どのような道具を使って問題を切り分けていくのか説明します。

> **事例　直接契約への切り替えが振るわない原因は？**
>
> 　A社は、オフィスの清掃請負サービスのビジネスを行っています。従来、代理店を通じて顧客と契約してビジネスを展開してきました。昨年より、インターネット上にサービス紹介サイトを開設して、サイトを通じて引き合いを受け、契約につなげる新たな営業戦略を展開してきましたが、サイトを通じての契約は思うように増えていきません。この問題の解決をしなければなりません。
>
> 　この問題は、A社のビジネスのあり方を変えることに関わる問題で、多段階のプロセスから仕事が成り立ち、契約数が増えない原因が多岐にわたることが容易に想定できます。
>
> 　この事例について、問題を切り分けて、対策すべき問題を特定してみましょう。

## ●問題点切り分けのステップ●

**ステップ1** 問題発生を事実として認識する
**ステップ2** 問題を影響と行動に分けて解決対象を絞り込む
**ステップ3** 問題行動の派生の事実と相関の確認をする

プロセス2　問題把握／課題設定2

ステップ1

# 問題発生を事実として認識する

使うツールはこれ！　問題事象整理シート

## 問題を大きく複雑にする「あいまい」と「想像」

　問題を大きく見せたり、複雑にするものの1つが「あいまい」と「想像」です。「あいまい」な部分は、問題を見る人の想像を膨らませたり、複雑にしたりします。この想像が原因分析において、想像の上の想像を繰り広げさせて、原因分析をより複雑なものにします。

## 数値でとらえる

　まず、問題を実際に起きている**数値**と**事象**に分けて整理します（右頁図内❶）。数値は、業務における成績や傾向を**客観的とらえるもの**で、人の主観を排除して、問題を客観的かつ定量的に評価して、解決しなければならないほど影響の大きいものか否かを判断します。事象は、**業務が異常な状態にあることをとらえるもの**で、業務が正常に行われないことによる問題の有無とその影響の大きさを評価するものです。

　数値についての問題は、数値の大小の視点で考えます。「サイトを通じての契約が少ない」ということについて、「何が」「どのくらい」少ないのか具体的な内容と数値で明確にします（❷❹）。「新規」が少ないのか「リピート」が少ないのか、また、「件数」なのか「率」なのか、「何に比べて」少ないのかを明らかにします。「新規」の「数量」は、「新規契約件数」です。「新規契約数が少ない」が具体化された問題です。「新規」の「割合」は、「新規成約率」です。「新規の成約率が低い」が具体化された問題です。

## 内容は「異常」と「不精」の視点で考える

　事象（内容）についての問題は、「**異常**」と「**不精**」の視点で考えます（下図内❸）。異常とは、前提としていた環境と異なる環境に陥ったり、**予定されていたものと異なる条件や方法**などで業務を行うことを指します。事例の異常の視点は「キャンセル」です。「キャンセル率が14％」が具体化された問題となります。不精とは、決められたことが決められた通り実施されないこと、対応すべきことに対応しないまま**放置されていること**を指します。事例の「不精」の視点は、「未対応」「放置」です。「対応できない」が具体化された問題となります。

　問題を事実として認識することで、「事実」と「あいまいな情報や想像」が切り分けられて、「事実」だけでとらえられた実際の大きさの問題として見ることができます。

　事例は、従来の方法である「代理店経由の値」と比較することで、問題を事実として認識できるようになりました。

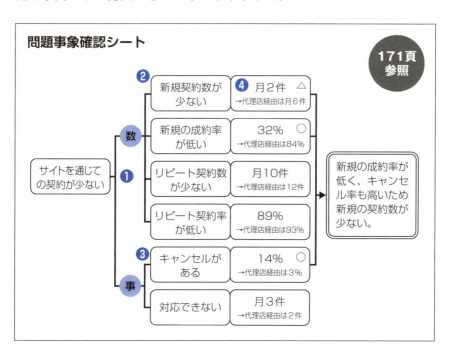

プロセス2　問題把握／課題設定2

## 問題を影響と行動に分けて解決対象を絞り込む

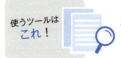

プロセス×問題行動マトリックスシート

## 問題を自分たちの行動レベルに分解する

　問題を事実としてとらえたら、次は原因分析・対策しやすい大きさに分解します。「サイトを通じての契約が少ない」とは、注文がとれないということです。「注文」は顧客がすることで、自分たちは顧客が注文してくれるのを待つしかありません。注文をしてもらえるように、マーケティング・プロセスの各々の段階で（下図内❶）「いろいろなこと」

### プロセスと問題行動の関連性の整理

173頁参照

サイトを通じての契約が少ない

新規の成約率が低く、キャンセル率も高いため新規の契約数が少ない。

＜プロセス×問題行動マトリックスシート＞
　　◎（3点）：強い関連あり　○（2点）：関連あり　△（1点）：若干の関連あり

| ❷ 問題行動（仮定） ＼ ❶ マーケティングプロセス | サイト公開 | Web広告 | 資料送付 | 訪社アポ | 訪社営業 | 見積り | 評価 |
|---|---|---|---|---|---|---|---|
| 顧客に情報が届けられない | ◎ | △ | | | | | |
| 潜在顧客を引き寄せられない | ◎ | ◎ | ◎ | ○ | | | |
| 見込み顧客を識別できない | ○ | ◎ | △ | ◎ | ○ | | |
| タイミングを逸する（遅れる） | | | ○ | ◎ | | ○ | |
| 相手に伝わる説明ができない | ◎ | | ◎ | ○ | ◎ | △ | |
| 見積もりが合わない | | | | | ◎ | ○ | |
| 評価 | | | | | | | |

を行って、その結果として注文が生まれます。注文してもらえないのは、自分たちが行った「いろいろなこと」に問題があったのです。

この「いろいろなこと」は、自分たちの行ったこと、つまり「行動」です。問題を分解して1つひとつの問題行動として分けて見ることで、小さく、単純化できるようになります。また、自分たちの行為ですから、原因究明も対策も容易になります（左頁図内❷）。「サイトを通じての契約が少ない」に対する問題行動は、「顧客に情報が届けられない」「潜在顧客を引き寄せられない」「見込み顧客を識別できない」「タイミングを逸する（遅れる）」「相手に伝わる説明ができない」「見積もりが合わない」といった問題行動からなります。

問題行動の中から、影響への関連度の強さ、発生段階などから解決対象とするものを絞り込みます。事例では、「潜在顧客が引き寄せられない」の合計点が高く（下図内❸）、最上流プロセスが「サイト公開」ですから（❹）、解決対象の問題行動は、「潜在顧客を引き寄せるサイトをつくれていない」となります（❺）。

### 関連性の評価からの問題プロセスと行動の切り出し（TPO）

最上流が対策優先 ❹

| 問題行動（仮定）＼マーケティングプロセス | サイト公開 | Web広告 | 資料送付 | 訪社アポ | 訪社営業 | 見積り | 評価 |
|---|---|---|---|---|---|---|---|
| 顧客に情報が届けられない | ◎(3) | △(1) | | | | | 4 |
| 潜在顧客を引き寄せられない | ◎(3) | ◎(3) | ◎(3) | ○(2) | | | 11 |
| 見込み顧客を識別できない | ○(2) | ◎(3) | △(1) | ◎(3) | ○(2) | | 11 |
| タイミングを逸する（遅れる） | | | ○(2) | ◎(3) | | ○(2) | 7 |
| 相手に伝わる説明ができない | ◎(3) | | ◎(3) | ○(2) | ◎(3) | △(1) | 12 |
| 見積もりが合わない | | | | | ◎(3) | ○(2) | 5 |
| 評価 | 11 | 9 | 9 | 9 | 8 | 6 | |

❺ 潜在顧客を引き寄せるサイトをつくれていない

プロセス2　問題把握／課題設定2

ステップ3

# 問題行動の発生の事実と相関を確認する

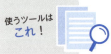

使うツールはこれ！　　問題行動の事実・相関確認シート

## ▍机上の仮説を事実と照らし合わせて確認する

　洗い出され、絞り込まれた問題行動は、仮定の域を出ていません。机上で想定されたものです。本当にその問題行動は起きているのか、また、その問題行動が問題とする影響を引き起こしているか、事実をもって確認しなければなりません。

　実際には、起きていない問題行動や影響していない問題行動に対して解決のための工数を費やすことはムダです。

　したがって、問題行動の発生の事実、影響との相関の強さを数値でもって測定・評価します。

「潜在顧客を引き寄せるサイトをつくれていない」という問題行動に対して、「そのサイトは本当に引き寄せられないのか」「どのくらい引き寄せられないのか（引き寄せている強さはどのくらいか）」「引き寄せられる顧客の割合は低いのか」が事実に対する測定・評価項目となります（右頁図内❶）。

「潜在顧客を引き寄せるサイトをつくれていない」という問題行動が「新規の成約率が低く、キャンセル率も高いため新規の契約数が少ない」という問題に対する相関を見るためには「サイトに顧客が引き寄せられないことが新規の契約数にどのくらい影響あるのか」という相関に対する測定・評価項目を参照します（❷）。

　測定・評価方法も検討します。例えば、顧客に対するアンケート、サイトの閲覧時間や閲覧行動（複数閲覧）などのデータをとる方法が考えら

れます。測定・評価方法では、「発生している事実」「発生していない事実」の両面の確認をとる方法を検討します。「サイトに惹かれますか？」という質問だけをして「Yes」と回答した人以外がすべて「惹かれない人」ということにはなりません。「わからない人」「見たことがない人」も含まれています。片側のデータで反対側の確認や証明をすると真実が見えなくなることがあるので、必ず両面から確認しましょう。発生している事実は、サイトから注文した顧客に対するアンケートになります（下図内❸）。これは引き寄せられて注文した顧客の声を拾うことになります（❹）。発生していない事実は、代理店経由で注文した顧客に対するアンケートで、サイトに関わっていない（引き寄せられた人ではない）顧客の声を拾うことになります。

測定・評価できない問題行動は、実体をとらえることができないので、次の原因究明、改善段階でもその有効性が評価できず、最後まで想定の世界のまま問題解決が進められ、効果があってもなくても、改善策が有効か無効か判断できないまま終わることになります。

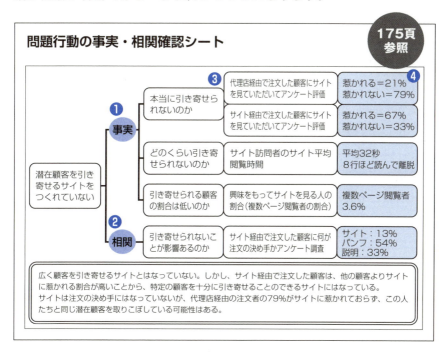

プロセス2　問題把握／課題設定

## 2-3 事実をつくり課題を正しく認識するためのしかけ

ツール
- ▶めざす姿と現状のシナリオ別比較整理シート
- ▶シナリオ項目別課題整理シート
- ▶課題試行評価シート

**こんなときに**
- ●推定の世界で課題解決を進めているとき
- ●自分たちの知識・経験の範疇を超えた課題に取り組むとき
- ●的外れな課題解決を繰り返しているとき

### 課題設定のもつ難しさとは

　課題とは、めざす姿（目的）と現状とのギャップのことを指します。めざす姿を実現することを阻むもの、または、実現するために乗り越えなければならないものであり、**めざす姿の成功要因**と言えます。

　めざす姿は、自分たちの中で思い描いたものですから、まだ、現実には存在しない環境やプロセス、方法での仕事のあり方を示しています。まだ、誰も見たことも経験したこともない環境やプロセス、方法と現状の環境やプロセス、方法を比較して、そのギャップを洗い出すことで課題は明確にされますが、リアルと想像の比較ですから、洗い出された課題の信憑性が問題となります。

　課題解決の場面では、「**課題設定力**」が高い、低いと言われ、それが課題解決の成否を左右する大きな要因であると言われています。「課題設定力」とは、まさに課題の信憑性を問われていることになります。「それが本当に課題なの？」と。そもそも、誰も見たことも経験したこともない環境やプロセス、方法を相手にしているわけですから、机上で考え

ても信憑性の確からしさには限界があり、最後はよく似た経験ある人の言うことを信じるという顛末になってしまいます。経験ある人がいなければ、設定した課題を信じるほかありません。

例えば、競合よりも短い納期で製品を提供できるようにして競争力を高めるために仕事のリードタイム短縮に取り組んだ職場があります。現状のリードタイムの5日を1日にする1/5の短縮をめざしました。課題は、1つ1つのプロセスでの作業時間の長さであると考え、各プロセスの作業時間の短縮改善を進めましたが、現状の作業時間を1/5にすることはできず、めざす姿の「リードタイム1日」は実現できませんでした。この職場の課題は本当に「作業時間の長さ」だったのでしょうか。

実のところ、本当の課題は作業ロットの大きさにありました。この職場では、作業の生産性を高めるために1回の作業ロット大きくしていました。1回の平均注文数は8個ですが、各プロセスで作業する1ロットサイズ（1回ごとの数量）は10倍以上ある100個単位で作業し、次のプロセスへ送っていました。このロットサイズを1/5の20個にしたところ、100個のときに比べて1ロットにかかる作業時間は1/5になり、各ロットが1/5のスピードで次の工程に送られるようになってリードタイムは1/5になりました。

## その「課題」は本当に正しいのか？

<u>課題解決の成否を握るのは、設定した課題の信憑性</u>です。この信憑性をどのように高められるかが、課題解決力の差となります。

信憑性を高める最も確実な方法は、事実をつくることです。つまり、実際に見て、経験するということです。課題がめざす姿の実現を左右するものであるということを、実際にやったみた事実から証明すれば課題の信憑性は極めて高いものとなり、その課題を解決すれば、めざす姿は確実に実現できることになります。

では、「加速度センサーメーカーの受託開発サービスのリーン開発モデルの構築」を事例に、どのような道具を使って、事実をつくり課題の信憑性を高め、正しく課題を認識するのか説明します。

| 事例 | カスタマイズ開発での戦力アップに必要なのは何？ |

S社は、加速度センサーのメーカーです。通信機器用、産業用、医療用、車載用など様々な分野の製品に組み込まれる加速度センサーを開発し、提供していますが、加速度の検知部分は共通モジュールを使い、組み込む製品の特性に応じて、入出力部、取付部、出力特性をカスタマイズ開発しています。このカスタマイズ開発において、機能別リーン開発※モデルの開発力を身につけて新製品の開発スピードを高め、顧客の新製品立ち上げスピードアップをサポートするとともに開発生産性を高めることをめざす取り組みをしています。

めざす姿のシナリオでは、「リーン開発力の育成」「リーン開発モデルの構築」「新製品立ち上げスピードの向上」「開発生産性の向上」という順で実現していくことを考えています。

この事例の課題を洗い出し、信憑性を高めるための事実をつくり確認するためにはどのように取り組めばいいか考えてみましょう。

●課題を洗い出し事実から正しく課題を認識するためのステップ●

**ステップ1** めざす姿と現状を比較しながら整理する
**ステップ2** シナリオ項目別に想定課題を洗い出す
**ステップ3** 想定課題の試行評価と新たな課題の洗い出し

※リーン開発：従来、プロセス順に開発していたものを機能別に開発するスタイルのこと。

プロセス2 問題把握／課題設定3

# ステップ1 めざす姿と現状を比較しながら整理する

使うツールはこれ！ めざす姿と現状のシナリオ別比較整理シート

　課題は、めざす姿と対比させながら、現状とのギャップの洗い出しから始めます。ポイントは、**めざす姿を基点として現状を見る**ことです（86頁図内❶）。めざす姿と現状は、仕事の環境もプロセス・方法も異なりますから、現状を元にめざす姿と比較しようとすると、めざす姿を現状に合わせなければならず、めざす姿ではなくなってしまうのです。

　めざす姿を基点とした比較では、めざす姿の仕事の環境やプロセス、方法を現状に適用した場合にどのような状態にあるかという見方をします。めざす姿の仕事の環境やプロセス、方法を適用したらどのような障害や不足などの問題があるのかを洗い出すのです。

　実際の比較では、シナリオで分解しためざす姿を使って比較していきます（❷）。**シナリオによって最終段階のめざす姿へ向かう段階的道筋が明らかにされている**ので、仕事の環境やプロセス、方法が限定されていて、現状の仕事に適用する範囲を狭くでき、調べやすくなるのです。「リーン開発力の育成」のシナリオ項目のめざす姿は「自社に合ったリーン開発モデルを設計し導入できる人材がいる」で、現状、めざす姿の求める人材がいるか調べた結果、「プロセス順型開発の教育と経験ある人材しかいない。開発モデルの設計・導入の知識・経験のある人材も皆無」というものでした（❸）。

「リーン開発モデルの構築」のシナリオ項目のめざす姿は、「プロセス順型開発から、機能別のリーン開発型へ転換した開発モデルが構築されている」で、現在の開発体制・手順・方法・ツール等がリーン型に対応できるものがあるか調べた結果、「社内の開発体制・手順・方法および

ツールがすべてプロセス順型開発を基礎としてできている」というリーン開発に対応できない現状がわかりました。(下図内❹)。

「新製品立ち上げスピードの向上」のシナリオ項目のめざす姿は、「開発上流での製品品質の完成度を高めて開発リードタイムを短縮し、顧客の新製品立ち上げスピードアップに貢献している」で、現在は、リードタイム短縮、立ち上げスピードアップにどこまで対応できているのか調べた結果、「開発内容の高度化により作業量が増加する一方で開発プロセスを改善する力がないため、人員投入で短納期開発に対応している。開発後半で問題が多発し、その処置に時間がかかり、開発が慢性的に遅れている」というものでした(❺)。

「開発生産性の向上」のシナリオのめざす項目の姿は、「上流での製品の完成度が向上でき、開発ロスを減らして開発生産性が向上している」で、現状の開発生産性はどうなっているのか調べた結果、「短納期開発対応のための人員投入、開発後半での問題多発によって、開発コストは高くなり開発生産性は下がる一方」となっていました(❻)。

## めざす姿と現状のシナリオ別比較整理シート

**178頁参照**

### めざす姿
- 機能別リーン開発モデルの開発力を身につけて、新製品の開発スピードを高め、顧客の新製品立ち上げスピードアップをサポートするとともに開発生産性を高める

| | | シナリオ項目 | めざす姿 ❶ → | ❸ 現状の姿 |
|---|---|---|---|---|
| ❷ シナリオ | 1 | ❸ リーン開発力の育成 | 自社にあったリーン開発モデルを設計し導入できる人材がいる。 | プロセス順型開発の教育と経験ある人材しかいない。開発モデルの設計・導入の知識・経験のある人材も皆無。 |
| | 2 | ❹ リーン開発モデルの構築 | プロセス順型開発から、機能別のリーン開発型へ転換した開発モデルが構築されている。 | 社内の開発体制・手順・方法およびツールがすべてプロセス順型開発を基礎としてできている。 |
| | 3 | ❺ 新製品立ち上げスピードの向上 | 開発上流での製品品質の完成度を高めて開発リードタイムを短縮し、顧客の新製品立ち上げスピードアップに貢献している。 | 開発内容の高度化により作業量が増加する一方で開発プロセスを改善する力がないため、人員投入で短納期開発に対応している。開発後半で問題が多発し、その処置に時間がかかり、開発が慢性的に遅れている。 |
| | 4 | ❻ 開発生産性の向上 | 上流での製品の完成度が向上でき、開発ロスを減らして開発生産性が向上している。 | 短納期開発対応のための人員投入、開発後半での問題多発によって、開発コストは高くなり開発生産性は下がる一方。 |

プロセス2　問題把握／課題設定3

## シナリオ項目別に想定課題を洗い出す

使うツールはこれ！　シナリオ項目別課題整理シート

### 仕事の5大リソースに沿って課題を洗い出す

　めざす姿と現状の比較ができたら、課題の洗い出しをします。めざす姿に対して、現状の障害や不足などの問題が課題となりますが、短絡的に、「あれが障害だ」「これが足りない」などと洗い出すと、洗い出す人の思いや主観によって偏るリスクがあります。多面的、客観的な洗い出しを行うことが課題の信憑性を高めることにつながります。

　課題は仕事の5大リソースに分けて考えて洗い出しを行うと多面性・客観性が確保されます。5大リソースとは、仕事をするときに必要な5大要素で4MIと言われるもので、人（Man）、設備・システム（Machine）、プロセス・手順・方法（Method）、製品・原材料・コンテ

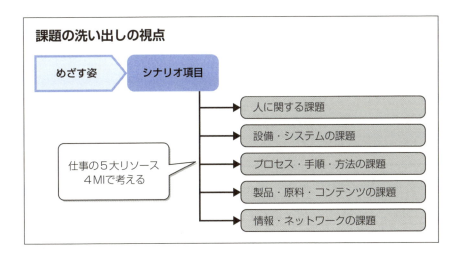

課題の洗い出しの視点

## シナリオ項目別課題整理シート

180頁参照

リーン開発モデルの構築

**❸ めざす姿**
● プロセス順型開発から、機能別のリーン開発型へ転換した開発モデルが構築されている。

**現状の姿 ❹**
● 社内の開発体制・手順・方法及びツールがすべてプロセス順型開発を基礎としてできている。

| ❶ 4MI | ❷ 視点 | めざす姿と現状の差異<br>心配点・リスク | 課題 |
|---|---|---|---|
| ❺ 人 | a. スキル・経験<br>b. 意識・価値観 | ①リーン開発の知識・経験なし<br>②モデル開発の導入経験なし | 1. リーン開発型へ転換した開発モデルを設計・導入するための知識と経験の補完 |
| ❻ 設備 | a. 能力・制約<br>b. 特性・差異<br>c. 単独・連結 | ①開発システム・ツールがリーン開発用ではない<br>②市販のリーン開発用のシステム・ツールが少ない | 1. 現開発システム・ツールをベースにした自社オリジナルのリーン開発用システムとツールの整備 |
| ❼ 方法 | a. 制約<br>b. 差異<br>c. 単独・連結 | ①開発手順がプロセス順<br>②すべての手順・方法をモジュール別のリーン開発スタイルにするにはリスクが大きい | 1. プロセス順開発にリーン開発の優位点を盛り込んだハイブリッド型の開発手順・方法を整備してリーン開発を導入<br>2. その後完全リーン開発へ移行 |
| ❽ 製品 | a. 限界・制限<br>b. 特性・差異<br>c. 干渉 | ①自社の製品構造がモジュール別に開発するリーン開発に対応していない | 1. 製品の基本構造をモジュール構造として、リーン開発に対応できるものにする |
| ❾ 情報 | a. 精度・信頼<br>b. スピード・鮮度<br>c. 干渉・安全 | ①部品単位での技術基準しかなく、モジュール単位の技術基準とデータの蓄積がない | 1. 部品の技術基準の組合せによるモジュールでの技術基準の整備<br>2. モジュールの技術データの蓄積 |

ンツ（Material）、情報（Information）です。仕事をするときは、この５大リソースが、すべて適正な状態になければ良い仕事はできません。課題は、この５大リソースのいずれかが適正ではない状態にあることを言いますから、この５つの視点で課題を洗い出すことで多面的・客観的な洗い出しができることになります。

課題の洗い出しは、シナリオ項目ごとに行っていきます。

シナリオ項目のめざす姿と現状について、４ＭＩに分けて、めざす姿と現状の差異、心配点・リスクを考え、そこから、めざす姿を実現するために解決しなければならない課題を洗い出していきます（上図内❶）。

人では、「スキル・経験」の過不足はないか、「意識・価値観」が低かったり差があったりしないかという視点で、めざす姿と現状の差異、心配点・リスクを考えていきます。同様に、設備・システムでは「能力・制約」「特性・差異」「単独・連結」の視点で、プロセス・手順・方法では「制約」「差異」「単独・連結」の視点で、製品・原材料・コンテンツでは、「限界・制限」「特性・差異」「干渉」の視点で、情報では、「精度・

信頼」「スピード・鮮度」「干渉・安全」の視点で考えます（左頁図内❷）。

S社の「リーン開発モデルの構築」シナリオ項目の課題を考えてみましょう。「プロセス順型開発から、機能別のリーン開発型へ転換した開発モデルが構築されている」（❸）というめざす姿に対して、現在は「社内の開発体制・手順・方法およびツールがすべてプロセス順型開発を基礎としてできている」（❹）というものでした。

人の面では、おもに「スキル・経験」の視点から、「リーン開発の知識・経験なし」「モデル開発の導入経験なし」という差異・心配点・リスクが考えられ、課題は「リーン開発型へ転換した開発モデルを設計・導入するための知識と経験の補完」となります（❺）。

設備・システムでは「能力・制約」「特性・差異」から、「開発システム・ツールがリーン開発用ではない」「市販のリーン開発用のシステム・ツールが少ない」が差異・心配点・リスクと考えられ、課題は、「現開発システム・ツールをベースにした自社オリジナルのリーン開発用システムとツールの整備」となります（❻）。

プロセス・手順・方法では「制約」「差異」「単独・連結」から、「開発手順がプロセス順」「すべての手順・方法をモジュール別のリーン開発スタイルにするにはリスクが大きい」が差異・心配点・リスクと考えられ、「プロセス順開発にリーン開発の優位点を盛り込んだハイブリッド型の開発手順・方法を整備してリーン開発を導入」「その後完全リーン開発へ移行」が課題となります（❼）。

製品・原材料・コンテンツでは、「限界・制限」「特性・差異」「干渉」から、「自社の製品構造がモジュール別に開発するリーン開発に対応していない」が差異・心配点・リスクと考えられ、「製品の基本構造をモジュール構造として、リーン開発に対応できるものにする」が課題となります（❽）。

情報では、「精度・信頼」から、「部品単位での技術基準しかなく、モジュール単位の技術基準とデータの蓄積がない」が差異・心配点・リスクで、「部品の技術基準の組み合わせによるモジュールでの技術基準の整備」「モジュールの技術データの蓄積」が課題となります（❾）。

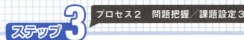

プロセス2　問題把握／課題設定3

## ステップ3

# 想定課題の試行評価と新たな課題の洗い出し

使うツールはこれ！　課題試行評価シート

## ■ 実際に試行して課題の重要度を評価する

　シナリオ項目ごとの課題を洗い出したら（下図内❶）、その課題を実際に試行してみて、めざす姿を実現する上での重要成功要因と言える本当の課題か評価します（❷）。試行は次のいずれかの方法で行います。

①課題解決の対策の実験または試作品の作成

　課題解決の対策案の手順やツールを実験的に作成したり、製品やシス

182頁参照

### 課題試行評価シート

リーン開発モデルの構築

めざす姿
● プロセス順型開発から、機能別のリーン開発型へ転換した開発モデルが構築されている。

| | | ❶ 課題 | ❷ 試行方法 | ❸ 試行結果と新たな課題 |
|---|---|---|---|---|
| ❹ | 人 | 1. リーン開発型へ転換した開発モデルを設計・導入するための知識と経験の補完 | 外部専門家の指導を受けて自社開発モデルフローの作成を試行。 | フローがつくれず。外部専門家の知識・経験は自社の製品と開発体制に合っていない。<br>→自社と同じ技術背景の製品へのリーン開発の導入経験のある外部専門家を探す。 |
| ❺ | 設備 | 1. 現開発システム・ツールをベースにした自社オリジナルのリーン開発用システムとツールの整備 | 現行システムの帳票をエクセルで作成して、エクセル上でリーン開発用に修正して、使ってみる。 | システムテストツールがモジュール別でないため、できたツールは全く使えない。<br>→システムテスト基準から見直す必要がある。技術基準整備の中で最優先化して取り組む。 |
| ❻ | 方法 | 1. プロセス順開発にリーン開発の優位点を盛り込んだハイブリッド型の開発手順・方法を整備してリーン開発を導入<br>2. その後完全リーン開発へ移行 | 開発モデルフローに基づいて現行のプロセス順開発の開発手順・方法を修正したガイドを作成。作成したガイドに基づいて開発をシミュレートしてみる。 | 現行のプロセス順開発の手順・方法においてリーン開発では不要となる部分がわからず、すべての手順・方法が残り、結局、今まで手順・方法が変わっておらず、リーン開発のメリットがない。<br>→プロセス順開発とリーン開発における手順・方法の要否を判断する基準づくりが先に必要。 |
| ❼ | 製品 | 1. 製品の基本構造をモジュール構造として、リーン開発に対応できるものにする | 現行製品をモジュール構造で再設計してみる。 | モジュール構造化の設計は可能。<br>→特に対応不要 |
| ❽ | 情報 | 1. 部品の技術基準の組み合わせによるモジュールでの技術基準の整備<br>2. モジュールの技術データの蓄積 | 製品のコア機能と最終検査に関する技術基準について、モジュール別での技術基準を作成してみる。 | 最終検査の技術基準は作成可能。コア機能に関する技術基準は、コアのモジュール単位での機能評価試験機がないため、実際には評価できない理論上の技術基準しか作成できない。<br>→新たに評価試験機の必要な技術基準項目の洗い出しが先に必要。 |

テムの試作品を作成して、テスト評価する。
②現状の成果物を使って課題解決策のシミュレーションをする
　現状の仕事から生み出された製品や資料などの成果物を課題解決の対策プロセス・方法で仮想的に再作成して評価する。
③課題解決ツールを作成して現状業務で使う
　課題解決の対策ツールやシステムの試作品、基準やルール案を作成して、現状業務の中で使ってみて評価する。
④課題解決の対策の部分的実施
　課題解決の対策をした環境やプロセス、方法で仕事の一部を実施してみて評価する。

## 試行結果を次に活かすには

　試行結果から、**課題が解決されることで、めざす姿の実現が可能か否か評価します**（左頁図内❸）。実現性に不足があれば、実現性を高める修正案を考えます。実現に寄与しない課題であった場合、なぜ、今回、そのような課題が洗い出されてしまったのか原因を分析し、その原因を除去した上で、改めて課題の洗い出しを行います。

　試行をすることで、今まで気づかなかった課題を発見することも少なくありません。試行状況、試行結果から新たな課題がないか見渡して洗い出しをしましょう。

　リーン開発モデルの構築の課題の試行結果と新たな課題の洗い出しについて見てみましょう。

　人に関する課題の「リーン開発型へ転換した開発モデルを設計・導入するための知識と経験の補完」は、「外部専門家の指導を受けて自社開発モデルフローの作成」の方法で試行しました。その結果、「フローがつくれず。外部専門家の知識・経験は自社の製品と開発体制に合っていない」とわかりました。そこで、「自社と同じ技術背景の製品へのリーン開発の導入経験のある外部専門家を探す」を新たな課題とし、取り組むことにしました（❹）。

　設備・システムに関する課題の「現開発システム・ツールをベースに

した自社オリジナルのリーン開発用システムとツールの整備」は、「現行システムの帳票をエクセルで作成して、エクセル上でリーン開発用に修正して、使ってみる」という方法で試行しました。試行結果は、「システムテストツールがモジュール別でないため、できたツールは全く使えない」というもので、「システムテスト基準から見直す必要がある。技術基準整備の中で最優先化して取り組む」という新たな課題を出しました（90頁図内❺）。

　プロセス・手順・方法に関する課題の「プロセス順開発にリーン開発の優位点を盛り込んだハイブリッド型の開発手順・方法を整備してリーン開発を導入」「その後完全リーン開発へ移行」は、「開発モデルフローに基づいて現行のプロセス順開発の開発手順・方法を修正したガイドを作成。作成したガイドに基づいて開発をシミュレートしてみる」という方法で試行し、「現行のプロセス順開発の手順・方法においてリーン開発では不要となる部分がわからず、すべての手順・方法が残り、結局、今まで手順・方法が変わっておらず、リーン開発のメリットがない」ことがわかり、課題を「プロセス順開発とリーン開発における手順・方法の要否を判断する基準づくりが先に必要」に修正しました（❻）。

　製品・原材料・コンテンツに関する課題の「製品の基本構造をモジュール構造として、リーン開発に対応できるものにする」は、「現行製品をモジュール構造で再設計してみる」方法で試行しました。試行結果から「モジュール構造化の設計は可能」だとわかり、課題の見直し、修正の必要はありませんでした（❼）。

　情報に関する課題の「部品の技術基準の組み合わせによるモジュールでの技術基準の整備」「モジュールの技術データの蓄積」は、「製品のコア機能と最終検査に関する技術基準について、モジュール別での技術基準を作成してみる」という方法で試行し、「最終検査の技術基準は作成可能。コア機能に関する技術基準は、コアのモジュール単位での機能評価試験機がないため、実際には評価できない理論上の技術基準しか作成できない」ことがわかり、「新たに評価試験機が必要な技術基準項目の洗い出しが先に必要」という課題に取り組むこととしました（❽）。

プロセス3　目標設定

# 3 問題解決プロセスが管理できる見える化管理指標を設定するしかけ

　▶目標設定シート

**こんなときに**
- 問題解決の取り組みに手応えを感じないとき
- 問題解決の進捗がわからないとき
- 結果が出るまで良いか悪いか判断できないとき

## 目的とシナリオと目標

「目標」を達成すべきゴールだととらえている人は多いことでしょう。ですが、問題解決では**目標はゴールではなく問題解決に至る道筋が正しく歩めているか計るものさし**と考えます。ゴールではなく、**マイルストーン**と言う方が適切です。ゴールと考えるか、マイルストーンと考えるかの差は大きく、ここが1つの落とし穴となります。

目標を考えるとき、目的とシナリオと目標の関係を理解する必要があります。この違いと関係性について、ゴルフを例に説明しましょう。

あなたはゴルフをしています。そして、最終ホールで1位と大差を付けられた2位だったとします。絶対に逆転して優勝したいと思っているとき、あなたはどうしますか？

優勝以外に眼中にない、優勝しなければ意味がないと思っているなら、一発大逆転を狙って、ホールインワンのラインを打つでしょう。

一方、今、あなたが1位で、1位から3位まで僅差だったとします。なんとか優勝したいとなれば、勝負をかけて、難しいラインを選択して

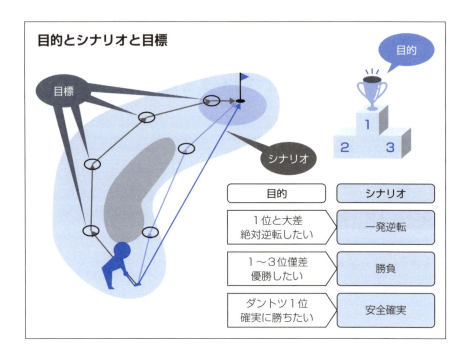

打つでしょう。

　では、こんなケースではどうでしょう？

　あなたはダントツの１位で、２位以下を大きく引き離しているとします。確実に優勝したいあなたは、どのようなラインを選ぶでしょうか？

　おそらく、安全確実なラインを選んで打つことでしょう。バンカーのない広い場所を選んで、打数が多くなってもリスクの少ないラインを打つはずです。

　このとき、得たい最終の状況、つまり、「優勝」が目的となります。そして、置かれている状況から目的を実現するために、選択したラインがシナリオです。目的とシナリオの間に上下関係はありません。目的を実現するために、ラインであるシナリオが選択されますが、選択できるシナリオの実現性やリスクによって、逆に目的を変更する場合もあります。例えば、１位と大差を付けられた２位だったとき、ホールインワンで一発大逆転するのがあまりにも難しいと判断したとすれば、優勝はあきらめて、せめて表彰台に立つという目的に変更することがあります。

このとき、選択したシナリオ、つまりラインは、勝負をかけるラインとなります。各ラインを確実に歩むために、1打目、2打目をどこに落とすか、その狙った所が目標です。目標は、それを達成することを目指しますが、達成すれば良いというものではありません。目標は、それに向けてとった行動の結果との差異を分析することに大きな意味があります。例えば1打目を打ったとき、クラブの選択の適切性、風の影響、芝の状態などによって、狙った場所とずれてしまったとします。このズレを分析して、様々な影響や自分の見通しを修正して、2打目は、よりズレの少ない打ち方をします。

## 結果目標と管理目標

目標は、自分の活動をふり返り、次の活動の精度を高めるための重要な指標です。達成することより、目標と結果のズレから学ぶことに意味があります。

目標には2つあり、1つは最終的に目的を達成した否かを計る結果指標の目標です。これを結果目標と言います。ゴルフの例では、グリーン上のカップに入れることです。もう1つは、結果目標に至る道筋上にある目標です。これは正しくねらいの道筋を歩んでいるかを計り、管理するための管理指標の目標で、管理目標と言います。ゴルフの例では、ライン上の1打目、2打目をどこに落とすか、その狙った所にあたるのが管理目標です。

問題解決では、これら、目的を達成したかを計る結果目標と、正しく問題解決に向かって歩んでいるかを管理する管理目標の2種類を設定します。管理目標を設定することで、問題解決に向けての手応えを感じることができ、進捗がわかります。また、自分たちが設定したシナリオで問題解決を進めることで、結果として問題が解決したか否かの関係がわかりますから、結果につながる的を射た問題解決へと修正ができ、取り組みを確実に成果を出す内容にすることができます。

では、「家庭学習教材の発送を請け負っている物流会社の誤品出荷の

問題解決」を事例に、問題解決プロセスが管理できる見える化のためにどのような目標設定するのか説明します。

> **事例　外国人従業員が増える中でどう誤品出荷を防ぐか**
>
> 　B社は、幼児、小中学生向けの家庭学習教材の発送をX社から受託しています。最近、受講カリキュラムの教材とは違う教材を発送してしまう誤品出荷が繰り返し発生しており、この問題解決に取り組むことにしました。
>
> 　目的は、「多品種混載・即納を外国人でも誤品出荷しない仕組みの設計力と立ち上げ力を身につけて誤品出荷を防止する」です。慢性的人手不足の解消のため、外国人労働者の比率が高まっていること、顧客から多品種混載・即納要求が強くなってきたことから、このような目的を立てました。
>
> 　この事例の結果目標と管理目標をどう設定するか、また、管理目標を使ってどのように管理すれば良いか考えてみましょう。

●**問題解決プロセスが管理できる目標設定のためのステップ**●

| ステップ1 | 目的達成を評価するための結果目標を設定する |
| ステップ2 | プロセスを管理するための管理目標を設定する |
| ステップ3 | 管理目標を使って問題解決プロセスを管理する |

プロセス3　目標設定

# 目的達成を評価するための結果目標を設定する

使うツールはこれ！　**目標設定シート**

## 結果目標を設定する

まずは、目的を達成したか否かを計る管理指標の目標である結果目標を設定します。**目的が達成されたことは、どのような指標によってわかるのか、また、その指標はどのような計算式から導き出せばいいか**考えます。「多品種混載・即納を外国人でも誤品出荷しない仕組みの設計力と立ち上げ力を身につけて誤品出荷を防止する」（下図内❶）は、「誤品

### 目標設定シート　　190頁参照

| シナリオステップ | 指標・計算式 | 目標値 | 測定方法 |
|---|---|---|---|
| 目的❶<br>多品種混載・即納を外国人でも誤品出荷しない仕組みの設計力と立ち上げ力を身につけて誤品出荷を防止する | 誤品出荷数❷<br>＝誤品出荷数／1万件の出荷数 | 1件以下❸<br>（現状16件）<br>＜条件＞<br>外国人作業割合30％<br>3年以上ベテラン0人<br>多品種混載納品、即日納品 | 出荷作業日報と出荷システムの実績データより調査・測定❹ |
| ステップ3<br>外国人を前提とした仕組みの確立 | 外国人ミス割合<br>＝外国人ミス率／日本人ミス率 | 1.2以下<br>（現状3.2）<br>＜条件＞<br>多品種混載納品、即日納品 | 作業ミス報告書と作業日報より調査・測定 |
| ステップ2<br>誤品出荷しない仕組みの確立 | 誤品出荷数<br>＝誤品出荷数／1万件の出荷数 | 1件以下<br>（現状16件）<br>＜条件＞<br>日本人作業割合100％<br>3年以上ベテラン0人<br>多品種混載納品、即日納品 | 出荷作業日報と出荷システムの実績データより調査・測定 |
| ステップ1<br>多品種混載・即納業務の設計 | 1積載の多品種数＝多品種数／積載<br>出荷リードタイム＝出荷日時－受注日時 | 品種30件以上<br>（現状10件）<br>リードタイム24h以下<br>（現状52h）<br>＜条件＞<br>日本人作業割合100％<br>3年以上ベテラン0人 | 出荷作業日報と出荷システムの実績データより調査・測定 |

出荷数」で目標の達成状況を測定できます。計算式は、「誤品出荷数／1万件の出荷数」としました。1ヶ月あたりでは、月によって稼働日数、出荷数に差があり、誤品出荷数の増減が正確にわからないので、1万件の出荷数あたりの誤品出荷数としました（97頁図内❷）。

　次に、指標における目標値を設定します。目的を達成したか否かの判定基準となります。現状と比較して目的達成ができたか、誰が見ても納得できるものとします。ただし、理想論で現実を無視した目標値にしてしまうと、いつまでたっても目標達成できなくなり問題解決への取り組みマインド低下させてしまいます。がんばれば達成できるものにしましょう。**目標値の設定では、判定する条件も明確にして、条件によって達成・未達成の判断が分かれることがないようにします。**

　誤品出荷数の目標値は、1件以下としました。1万件出荷したときの誤品出荷は1件以下とするということです。条件は、「外国人作業割合30％」「3年以上ベテラン0人」「多品種混載納品、即日納品」としました。外国人作業者の割合は、30％を維持すると会社方針が示されたこと、慢性的人で不足から将来にわたりベテラン社員の確保は困難であることから、このような条件となりました（❸）。

　指標と目標値の設定ができたら、測定方法を考えます。どのような方法で、どのようなデータを使って測定するか検討します。測定方法に疑念があると、測定された結果に対する信頼を失うことになり、問題解決に対する正当な評価が得られなくなりますから、**正確性を重視して測定方法を考えましょう。**誤品出荷数の測定は、出荷管理で使われている出荷作業日報と出荷システムの実績データから測定することにしました（❹）。

プロセス3　目標設定

# プロセスを管理するための管理目標を設定する

 目標設定シート

## 管理目標の設定ではシナリオの設定が必要

　結果目標の設定ができたら、次は、管理目標の設定です。管理目標の設定では、最初にシナリオの設定が必要です。目的達成に向けて、どのようなステップを踏んでいくのか明らかにします。

「多品種混載・即納を外国人でも誤品出荷しない仕組みの設計力と立ち上げ力を身につけて誤品出荷を防止する」という目的達成に向けては、「多品種混載・即納業務の設計」から「誤品出荷しない仕組みの確立」、「外国人を前提とした仕組みの確立」というステップで進めることにしました（100頁図内❶）。

　シナリオのステップが決まったら、ステップごとの管理目標の設定をします（❷）。結果目標の設定と同じように、指標と計算式を考えます。ステップ1の「多品種混載・即納業務の設計」の指標は、「1積載の多品種数」と「出荷リードタイム」としました。計算式は、それぞれ、「多品種数／積載」、「出荷日時－受注日時」です。

　次に、目標値の設定です（❸）。それぞれ、「品種30件以上（現状10件）」「リードタイム24h以下」としました。条件は、「日本人作業割合100％」「3年以上ベテラン0人」です。外国人を前提とした取り組みはステップ3で行うことになっているので、100％日本人で行い、多品種混載・即納業務の設計ができたか否かを測定することとしました。

　最後は、測定方法です。管理目標では、正確性よりもスピードを重視して測定方法を考えます。管理目標は、その結果から取り組み方法など

を変えることが測定の目的です。正確性を重視して、時間をかけて測定していては、結果がわかったときには、問題解決の取り組みが終わっていたということもあります。取り組み方法を見直すことができなければ、結果目標は達成できないことになってしまいます。スピード重視の測定方法を考えましょう（❹）。

以下、同様に残りのステップの管理目標の設定を行います。

## 目標設定シート

190頁参照

**シナリオステップ**

**目的**
多品種混載・即納を外国人でも誤品出荷しない仕組みの設計力と立上げ力を身につけて誤品出荷を防止

**ステップ3**
外国人を前提とした仕組みの確立

**ステップ2**
誤品出荷しない仕組みの確立

**ステップ1**
多品種混載・即納業務の設計

| 指標・計算式 | 目標値 | 測定方法 |
|---|---|---|
| 誤品出荷数<br>＝誤品出荷数／1万件の出荷数 | 1件以下<br>（現状16件）<br>＜条件＞<br>外国人作業割合30%<br>3年以上ベテラン0人<br>多品種混載納品、即日納品 | 出荷作業日報と出荷システムの実績データより調査・測定 |
| 外国人ミス割合<br>＝外国人ミス率／日本人ミス率 | 1.2以下<br>（現状3.2）<br>＜条件＞<br>多品種混載納品、即日納品 | 作業ミス報告書と作業日報より調査・測定 |
| 誤品出荷数<br>＝誤品出荷数／1万件の出荷数 | 1件以下<br>（現状16件）<br>＜条件＞<br>日本人作業割合100%<br>3年以上ベテラン0人<br>多品種混載納品、即日納品 | 出荷作業日報と出荷システムの実績データより調査・測定 |
| 1積載の多品種数＝多品種数／積載<br>出荷リードタイム＝出荷日時－受注日時 ❷ | 品種30件以上<br>（現状10件）<br>リードタイム24h以下<br>（現状52h）<br>＜条件＞<br>日本人作業割合100%<br>3年以上ベテラン0人 ❸ | 出荷作業日報と出荷システムの実績データより調査・測定 ❹ |

❶

100

## ステップ3 管理目標を使って問題解決プロセスを管理する

プロセス3　目標設定

### 管理目標の実績を測定する

　管理目標が設定できたら、管理目標の実績を測定します。測定していると目標を満たさないものが見えてきます。管理目標を満たさないものが異常です。ただちに、結果目標を満たさない問題を引き起こすわけではありませんが、放置しておくと、結果を満たさない原因となります。すぐに異常を正常に戻す処置を開始します。

　このように、管理目標によって、正しくない行動である異常の見える化を行います。異常が見える化されることにより、その異常を正常に戻そうとするPDCA管理ができるようになります。

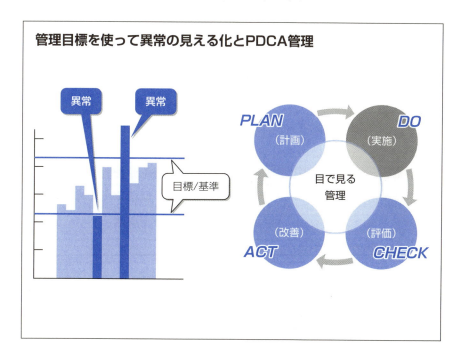

管理目標を使って異常の見える化とPDCA管理

では、管理目標の異常にはどのようなものがあるか紹介しながら、その異常への対象方法を説明していきます。

## ▍結果と行動の整合異常

最初の異常は、結果と行動の整合異常です。適正なシナリオや対策がしっかりとできて、管理目標は予定通りに進んでいるのに、結果目標は予定とは違う動きになり、望む結果が得られないという異常です。本来、管理目標が良くなれば、結果目標も良くなるはずですが、そうならないというものです。

このような結果と行動の不整合の原因は、そもそも、選んだシナリオや対策が、望む良い結果を生み出すことに貢献する内容ではなかったということです。シナリオや対策は予定通りでき、管理目標も良くなっている場合は、シナリオや対策の選択の不適合が原因です。もう一度、目的の達成に貢献するシナリオや対策を考えてみましょう。

次は、管理目標が不適切という異常です。管理目標は良くなっているけれど、正しいシナリオや対策ができている確証が感じられない場合、または、管理目標は良くないけれど、正しいシナリオや対策ができていると確信できる場合が該当します。シナリオや対策の適正性をきっちりと測定できる指標をもう一度考えてみましょう。当初、前提としていた環境と大きく異なり、採用したシナリオや対策が有効でなくなった場合も、望む結果が得られません。新たな環境で、もう一度、シナリオや対策を再検討することは当然ですが、環境変化を最初に予測できなかったこと、考慮できなかったことについて、その原因を分析して対策しましょう。環境が変わっていくのは当然のことです。環境変化を織り込み済みのシナリオや対策を考える力をつける取り組みが重要です。

最後は、単純な測定ミスです。よくあることです。異常が見つかった場合、一番最初に測定ミスを疑いましょう。測定ミスがないと確認できてから、他の原因を検討しましょう。

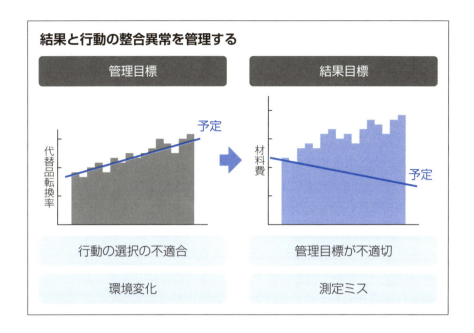

## 行動できない異常

　次の異常は、管理目標が予定通り推移しない、行動できない、行動しない、という異常です。測定ミスもない、シナリオや対策と管理目標にズレはなく、明らかに行動できていない、行動しない状態になっている異常です。管理目標による管理をすることで、行動しない、できないということが、はっきりと目に見えるようになります。

　最初の原因は、「忙しくてできない」というものです。毎日毎夜、遅くまで仕事していて、毎週、休日出勤となっている場合なら、まず、負荷を減らす取り組みをしなければなりません。しかし、そこまで負荷がかかっていない場合は、**優先度の問題**です。その人にとって、問題解決の優先度が他の仕事に比べて低いものとなっているような場合は、きっちりと納期を明確にして、優先度を高めさせます。納期を示しても、優先度が上がらないのは、もう1つの原因の**「やる気」の問題**などが考えられますので、そちらの原因も探っていきましょう。目的や必要性などを十分に説明しないまま、シナリオや対策だけを指示すると、この「や

る気がない」という原因で行動が開始されません。目的や必要性を説明したり、シナリオや対策を定義したり、設定する時から参加させたりして、やる気を引き出す取り組みをしましょう。

「何をするのかわからない」という原因もよくあります。シナリオや対策が、今現在のやり方や方法とかけ離れている場合、何をしていいのか、どのようにすればいいのか、わからずに手がつかないという状態となります。今と大きく異なるやり方や方法、難しい手法を使うような場合は、そのやり方や方法についての教育・訓練や手順の設計などの準備や能力開発を行いましょう。

「誰がやるのか決まっていない」という原因もよくあります。みんなでやってほしくて、担当を指名しないようなとき、誰も、自ら率先してやろうとはせず、結局、誰もやらないということになります。チームで取り組ませる場合でも、推進責任者や管理責任者を指名して、実行させる役割を明確にして、責任者が誰に何をさせるか計画して取り組ませるようにします。一人ひとりの役割を規定した体制表をつくるのも有効です。

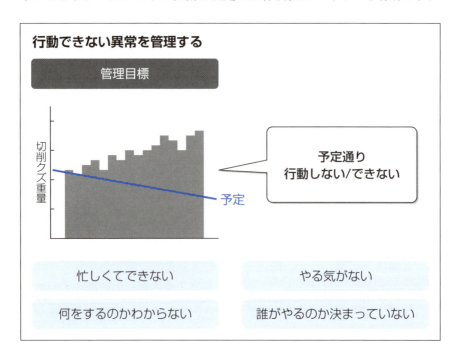

## 行動のバラツキ異常

　最後の異常は、行動のバラツキ異常です。行動が安定しない異常です。
　たくさんやったり、少ししかできなかったりと、問題解決への取り組みが不安定な状態となっている異常です。ばらつく原因の1つは、**行動計画がない**というものです。問題解決をいつ行うのか、具体的な行動計画がなく、時間のあるとき、暇なときに行うというような進め方では、やったり、やらなかったりのバラツキが大きくなります。きっちりと、問題解決の具体的な計画を明確にして、計画に基づいて行うようにしましょう。

　仕事の繁閑に左右されないようにします。**担当が明確にされていない**ことによっても、行動のバラツキは発生します。当番制だったり、時間のある人が行うなど、実施担当が明確になっていないとバラツキが発生します。場合によっては、誰もやらないということにもなります。実施担当を明確にして、担当が計画的に取り組む体制にしましょう。

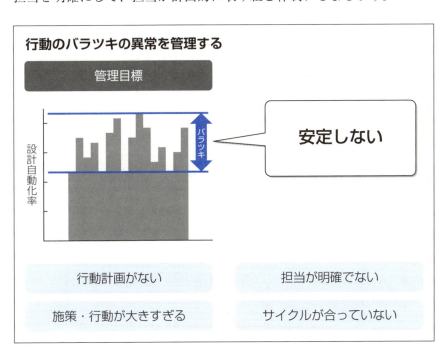

行動のバラツキの異常を管理する

シナリオや対策が大きすぎて、1つのシナリオや対策が完了するまで時間がかかりすぎる場合も、バラツキが発生します。大きすぎると、取り組んでいる間は、管理目標に何も変化がありません。完了したときに、急に大きく管理目標が変化するというようなことが起きます。リスク回避の点からも、シナリオや対策は、小さく、こまめに実施していくことをお勧めします。シナリオや対策のサイクルと管理目標の測定サイクルが合っていないと、指標だけを見ているとバラツキが発生しているように見えます。シナリオや対策の完結した直後に管理目標の測定サイクルがくるようにすれば、管理目標は安定して推移するようになります。シナリオや対策のサイクルと管理目標のサイクルを合わせて、シナリオや対策の本当の進捗状況が見えるようにしましょう。

## 結果目標や管理目標を見える化する

結果目標や管理目標は、管理ボードなどによって常時見えるようにしましょう。パソコンを開かないと見えない、資料を見ないとわからない状態は、問題解決への取り組み意識が下がったり、忘れられたりします。常時、目につくようにすることで、取り組みが促されます。

特に結果目標と管理目標は、対比して、その整合や動きの連動性などがひと目でわかるような工夫をしましょう。指標の見える化は、結果を見るだけでなく、そこから、必要な処置が開始されて、行動の適正性が見え、対処されるからこそ、管理の意義があります。結果をつくることにつながる管理目標の見える化を進めていきましょう。

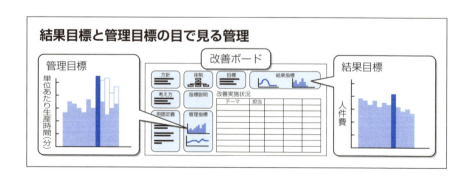

**プロセス4　原因分析**

# 系統論理展開×因果関係展開＋事実で原因究明するためのしかけ

▶原因系統洗い出しシート
▶原因の因果関係整理シート

**こんなときに**

- 真の原因にたどり着けていないとき
- 報告用の原因分析をしているとき
- 原因が論理的に導き出せないとき

## 対症療法的対策と真因対策

　問題解決で皆さんを悩ませる代表と言えるのが「原因分析」です。これまで説明してきた「めざす姿の定義」「問題の認識」をしっかりやれば、多くの場合、どのような対策をすればいいか見えています。対策案が浮かんでいる中で、あえて原因分析をすることに意味はあるのかと思えてしまうほどです。発表用・報告用として原因分析をしたという例もあります。既に立案されている対策案と問題点の間を埋めるために出来レースのようにつじつま合わせの論理展開をするというものです。このような原因分析ほどムダなものはありません。では、なぜ、対策案がわかっているのに原因分析をするのでしょうか。その理解のためには、**対策には処置と呼ばれる対処療法的対策と真因対策と言われる本質的抜本的対策の2種類がある**と認識することから始めなければなりません。「めざす姿の定義」「問題の認識」から見えてくる対策は、対処療法的対策で、単なる問題の裏返しをしたような対策です。一方で、原因分析によって捕まえた真因に対する対策が本質的抜本的対策です。

## ▍SNSによる集客はなぜ失敗したのか

　例えば、ケーキ屋の販売チームがSNSを使って集客し、売り上げを上げようとSNS上にケーキの写真と説明文を載せても集客できなかった問題について考えてみましょう。集客がうまくいかない原因は、店内で見ることのできるケーキの写真と説明文を掲載して単に商品情報の公開をしていただけで、顧客を惹きつける情報が掲載されていなかったことにあります。対処療法的対策案は、「顧客を惹きつける情報の掲載」となります。流行のキャラクターの写真を掲載するという案かもしれません。しかし、それではSNS上に顧客は集まったとしても、ケーキは買ってくれません。

　なぜ、ケーキの写真と説明文を掲載したのか、その原因をさらに掘り下げると、SNSが個人とつながりを広げ、口コミから集客するツールであることを認識しないまま、単にネットを通じた情報公開ツールだと考えていたことに行き当たります。本来であれば、口コミで集客するための記事を掲載しなければならなかったのです。口コミで広げてくれるお客さんは、店を推してくれるファンです。「店独特のこだわりや製法などのノウハウの記事」を載せて、他の人に紹介したくなる情報を伝えてファンを増やし、口コミで集客する対策案が考えられます。真因対策に近づきましたが、これは「めざす姿の定義」「問題の認識」から浮かんでくる範囲の対策です。

　なぜ、口コミから集客するツールであることを認識しないままSNSを始めたのか、その原因を掘り下げると、思いつきで流行に飛びつく対策を繰り返す営業スタイルが根底にあることがわかりました。**集客と購買行動を結びつけるロジック**を考えていないのです。このロジックが考えられていなければ、「店独特のこだわりや製法などのノウハウの記事」を載せて来店者数は増えたとしても、逆に来店したお客さんをがっかりさせてしまうかもしれません。なぜなら、SNS上だけの対策しかしていないため、来店したとき、ディスプレイや店員の接客からは、「店独特のこだわりや製法」はどこにも感じられないからです。そうなると、が

っかりさせるだけでなく、信頼を失う可能性すらあります。集客と購買行動のロジックを考えて、SNSと連携した店のディスプレイや接客まで含めた対策を考えなければなりません。ここまで掘り下げることで本質的抜本的対策となります。

## どうやって本質的抜本的対策につながる原因分析をするか

　原因分析は、本質的抜本的対策を行うために真因に迫る取り組みです。原因分析に基づく対策をして、一時的には良かったけれど、また元に戻ってしまった、長くは続かなかったという場合は、本質的抜本的対策ができていないと考えられます。

　問題解決を将来にわたって効果を上げるものにするためには、原因分析をしっかりと行い本質的抜本的対策までしなければなりません。

　原因分析で、次に皆さんを悩ませるのは、どうすれば真因にたどり着く分析ができるのかということです。問題を引き起こす原因は多岐にわたります。原因の原因というように階層的に深くつながっています。原因を深掘りし続ければ、最後は、「すべて人間が悪い」というところにたどり着いてしまいます。そもそも問題解決でたどり着きたい真因とは、多種多様な人がいる前提の中で、将来にわたって継続的に経済合理性がある対策ができるレベルの原因ということになります。その原因のさらに深掘りした原因がありますが、それ以上深掘りすると前提とするものが崩れてしまいます。わかりやすく言うと、「体制や仕組み」に関する原因レベルに留めるということです。

　真因にたどり着く原因分析は、垂直の深掘りと水平の掘り下げを事実で裏付けるという方法で行います。垂直の深掘りとは、原因の原因というように階層的に直接原因を掘り下げていくことです。水平の掘り下げとは、原因同士の因果関係を追いかけて関係性を掘り下げていくことです。最後に、掘り下げた原因について、事実をもって裏付けをとり、本当に原因であるということを確認します。

　では、「医療器具メーカーの納期遅延問題」を事例に、真因にたどり着くための原因分析をどのように行うのか説明します。

**事例　売り上げ伸長！　一方で生産が追いつかない……**

　D社は、医療用器具を開発・生産しているメーカーです。1年前に発売した新製品に対する注文が急増し、売り上げを伸ばしています。想定以上の注文で、製造ラインはフル稼働で生産していますが、注文過多のところに設備トラブルが発生して、生産が間に合わず納期遅延を繰り返す問題が発生しています。

　この事例の問題について、垂直の深掘り、水平の掘り下げによって原因を洗い出し、事実によって裏付けて真因を特定する原因分析します。その際に、どのようなツールを使い、どのように行うのか考えてみましょう。

### ●原因を掘り下げて事実で裏付ける原因分析のためのステップ●

| ステップ1 | 系統立てた垂直の深掘りによる原因の洗い出しをする |
| ステップ2 | 原因の因果関係から水平の掘り下げによる原因の洗い出しをする |
| ステップ3 | 真因とシステムにおける重要要因を選定する |
| ステップ4 | 重要要因の事実に基づく問題との相関性評価 |

プロセス4 原因分析

## 系統立てた垂直の深掘りによる原因の洗い出しをする

原因系統洗い出しシート

### ■ 混乱やバイアスを避けるため単純化して考える

　原因分析をするとき、様々な原因が浮かんできて分析者を混乱させます。また、分析者の経験が原因の洗い出し、整理にバイアスをかけて真因究明を阻害することもあります。混乱やバイアスのかからない原因分析をするためには、単純化して考えていくことが重要です。

　最初は、問題がなぜ発生したのか、なぜ流出したのか、その直接原因

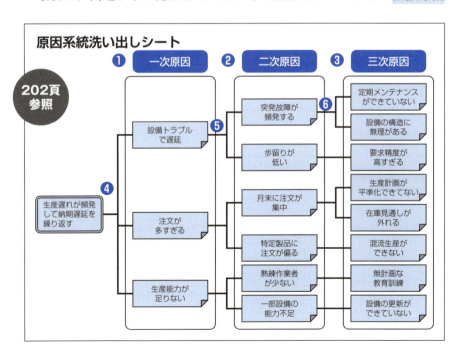

111

を階層的に順に掘り下げていきます。問題に対する直接原因を一次原因（111頁図内❶）、一次原因を引き起こした原因が二次原因（❷）、それを引き起こす原因が三次原因（❸）というように、直接の関係だけに注目して原因を洗い出し、整理をしていく方法です。

「生産遅れが頻発して納期遅延を繰り返す」という問題を直接引き起こしている一次原因として「設備トラブルで遅延」「注文が多すぎる」「生産能力が足りない」が考えられます（❹）。

「設備トラブルで遅延」の一次原因を引き起こしている二次原因は、「突発故障が頻発する」「歩留りが低い」です（❺）。

「突発故障が頻発する」の二次原因を引き起こしている三次原因は、「定期メンテナンスができていない」「設備の構造に無理がある」です（❻）。同様に、「注文が多すぎる」「生産能力が足りない」の一次原因の掘り下げを行います。

　掘り下げは、三次から五次レベルまで行いますが、体制や仕組み、構造などの原因まで掘り下げられたら、そこで止めます。「定期メンテナンスができていない」「設備の構造に無理がある」は、体制や仕組み、構造に関するものですから三次までで止めておきます。洗い出した原因は、次の水平の掘り下げに使いますから付箋紙に書き出していきます。

プロセス4　原因分析

# 原因の因果関係から水平の掘り下げによる洗い出しをする

使うツールはこれ！　**原因の因果関係整理シート**

## 水平の掘り下げは副次的影響関係を追う

　原因は、一次、二次というような直接的影響関係だけではなく、異なる系統の原因に与える副次的影響関係があります。副次的影響とは、他の要素に付随して影響が出ることを言います。例えば、「無計画な教育計画」は、「定期メンテナンスができていない」を直接引き起こす原因ではありませんが、無計画な教育計画によって定期メンテナンスの必要性の啓蒙教育や計画方法の教育が不十分であった場合、定期メンテナンスの実施を妨げる原因となります。定期メンテナンスの不適切な管理状態に啓蒙不足や計画力の低さが加わることで、定期メンテナンスの実行性はさらに低下します。このような場合、「無計画な教育計画」は、「定期メンテナンスができていない」に対して副次的影響関係があると言えます。

　水平の掘り下げは、この副次的影響関係を追いかけていきます。

　垂直に掘り下げて洗い出した原因の書かれた付箋紙を貼り替えて、水平の掘り下げを行います。真ん中に問題の書かれた付箋紙を貼ります（114頁図内❶）。その周りに一次原因の書かれた付箋紙を配置し、問題に向かって矢印をひきます。さらにその周りに二次原因を配置し矢印をひきます。さらにその周りに三次原因を置き、矢印をひきます。矢印の向きは、影響を与える側から影響を受ける側に向かってひきます（❷）。

　すべての原因が貼られたら、原因1つひとつについて、その影響する相手と程度を考えていきます。直接原因となっているもの以外に、自分

が引き起こす原因となっている相手がないか考えていきます。これが副次的影響関係を探る水平の掘り下げです。副次的影響関係のある原因同士は矢印で結びます。

　三次原因の「無計画な教育訓練」は、「定期メンテナンスができていない」「要求精度が高すぎる」を引き起こす原因と考えられます（下図内❸）。同様に、「設備の更新ができていない」は、「設備の構造に無理がある」「混流生産ができない」を引き起こす原因と考えられます。さらに、「設備の構造に無理がある」は、「歩留まりが低い」を引き起こし、「混流生産ができない」は、「生産計画が平準化できない」を引き起こす原因となっています。

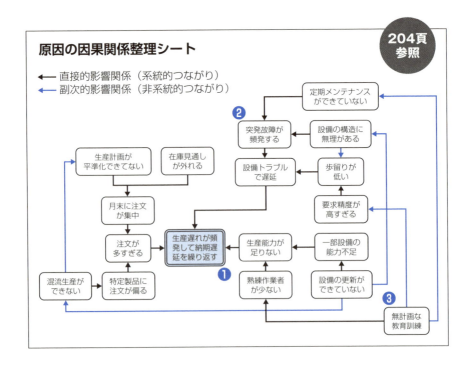

プロセス4 原因分析

# 真因とシステムにおける重要要因を選定する

原因の因果関係整理シート

## 重要要因の選定とまとめをする

　すべての原因の因果関係が整理できたら、真因、つまり重要要因を選定します。重要要因は、多くの他の原因を引き起こしている根本的なもので、自身から矢印が多く出ているものです。「無計画な教育訓練」「設備が更新できていない」からは、それぞれ矢印が3つずつ出ていて、他の原因を引き起こしている影響の大きい重要要因です（116頁図内❶）。

　重要要因には、システムとして複数の原因から成るものもあります。特定の業務システムや仕組み、制度に関連した原因が多く洗い出されている場合、そのシステムや仕組み自体に問題があり、個々の原因を解決しても問題を解決できない場合があります。そこで、システムや仕組み全体をひとまとめにして重要要因とします。生産システムでは、「生産計画が平準化できてない」「在庫見通しが外れる」「月末に注文が集中」「混流生産ができない」の4つの原因が洗い出されているので、この4つをひとまとめに重要要因とします（❷）。

　重要要因が選定されたら、それがどのように問題を引き起こしているか、その因果関係がわかるようにまとめます。まとめは、重要要因に設定された原因と上位の影響を与えている原因、さらにその上位の問題へとたどるように関係を整理して、どのように問題を引き起こしているか説明します。

　「無計画な教育訓練」は、「無計画な教育訓練によって、設備の調整・トラブルの未然防止できる人が育っていないため、設備など停止回数が

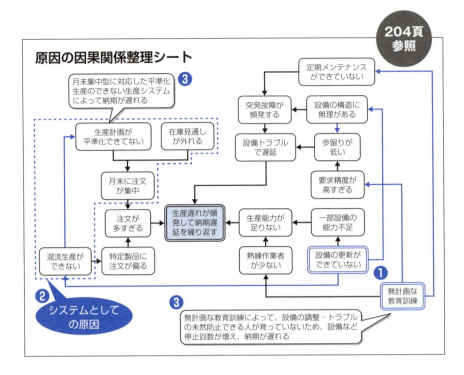

増え、納期が遅れる」というようにまとめられます。「生産システム」は、「月末集中型に対応した平準化生産のできない生産システムによって納期が遅れる」というようにまとめます（上図内❸）。

# 重要要因の事実に基づく問題との相関性評価

 重要要因と問題の相関評価散布図

## 選定された重要要因を検証する3つの方法

　重要要因が選定されたら、本当にそれが重要要因であることを検証します。検証は、重要要因である原因のある状態とない状態で、問題の出方に差があるか見ることによって、重要要因と問題の相関性を評価し、重要要因が問題を引き起こしているか確認します。また、重要要因の発現の程度によって問題発生の程度が変化するかを見ることによって、重要要因の影響の強さを確認します。

　検証は、重要要因である原因の有無、発現の程度（変動）と問題発生の関係の仮説を立て、その仮説に基づいて、相関性を測定して検証を行います。

　仮説では、以下の3通りのケースを想定するようにします。

①原因の有無と問題発生の有無の仮説

　原因が発現しているとき、問題が発生し、原因が発現していないときは、問題が発生していない。

②原因の発現の程度と問題発生の程度の仮説

　原因の発現の程度が大きいとき、問題発生の程度が大きく、原因の発現の程度が小さいときは問題発生の程度も小さい。

③他の原因の存在の仮説

　重要要因である原因が発現していないときに問題が発生するときと発生しないときがある。かつ、重要要因である原因が発現しているときに問題が発生するときと発生しないときがある。

206頁参照

**重要要因と問題の相関評価散布図**

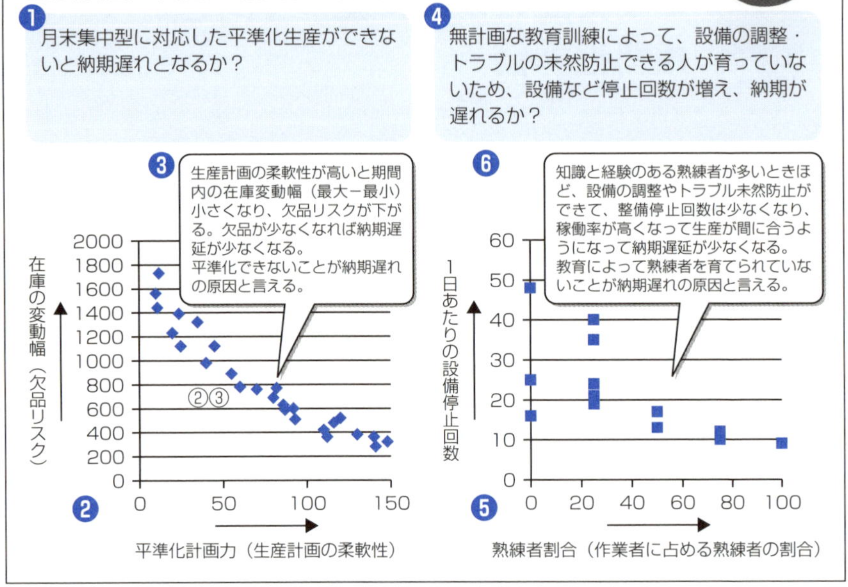

❶ 月末集中型に対応した平準化生産ができないと納期遅れとなるか？
❹ 無計画な教育訓練によって、設備の調整・トラブルの未然防止できる人が育っていないため、設備など停止回数が増え、納期が遅れるか？
❸ 生産計画の柔軟性が高いと期間内の在庫変動幅（最大－最小）小さくなり、欠品リスクが下がる。欠品が少なくなれば納期遅延が少なくなる。平準化できないことが納期遅れの原因と言える。
在庫の変動幅（欠品リスク）
2000
1800
1600
1400
1200
1000
800
600
400
200
0
②③
❷
0
50
100
150
平準化計画力（生産計画の柔軟性）
❻ 知識と経験のある熟練者が多いときほど、設備の調整やトラブル未然防止ができて、整備停止回数は少なくなり、稼働率が高くなって生産が間に合うようになって納期遅延が少なくなる。教育によって熟練者を育てられていないことが納期遅れの原因と言える。
1日あたりの設備停止回数
60
50
40
30
20
10
0
❺
0
20
40
60
80
100
熟練者割合（作業者に占める熟練者の割合）

検証方法は３つの方法があります。

**①再現実験での検証**

重要要因の原因のある状態とない状態、または、強く出ている場合とあまりで出ていない場合を再現して実験する方法。

**②データからの検証**

業務において蓄積されているデータから、重要要因の原因のある状態とない状態、または、強く出ている場合とあまり出ていない場合のデータを抽出して比較する方法。

**③シミュレーション**

重要要因の原因のある状態とない状態、または、強く出ている場合とあまりで出ていない場合についてエクセルなどを使ってシミュレーション計算して比較する方法。

生産システムは「月末集中型に対応した平準化生産ができないと納期遅れとなるか？」という仮説を立て（上図内❶）、生産計画の平準化ができている程度を生産計画の柔軟性（生産計画立案時の計画値の変動幅

の大きさ。大きい＝柔軟性がある。小さい＝柔軟性がない）として変動させて、そのときの在庫の変動幅を調べる実験をしました（左頁図内❷）。在庫の変動が大きいと欠品リスクが高まると考えました。実験結果から、「生産計画の柔軟性が高いと期間内の在庫変動幅（最大−最小）小さくなり、欠品リスクが下がる。欠品が少なくなれば納期遅延が少なくなる。平準化できないことが納期遅れの原因と言える」（❸）ということがわかりました。

　無計画な教育については、「無計画な教育訓練によって、設備の調整・トラブルの未然防止できる人が育っていないため、設備など停止回数が増え、納期が遅れるか？」という仮説を立て（❹）、作業日報から熟練作業者の多い日と少ない日で、設備トラブルによる停止回数の違いがあるかデータを拾って分析しました（❺）。確認結果から、「知識と経験のある熟練者が多いときほど、設備の調整やトラブル未然防止ができて、整備停止回数は少なくなり、稼働率が高くなって生産が間に合うようになって納期遅延が少なくなる。教育によって熟練者を育てられていないことが納期遅れの原因と言える」ということがわかりました（❻）。

　相関性を分析する場合は、散布図を使い、横軸に原因、縦軸に原因によって変化する事象をとってデータをプロットすると、相関性がある場合（影響している場合）は、直線または曲線で綺麗に並び、相関がない場合は、不規則に分散しています。

　相関性が見られない場合は、原因分析のやり直しをすぐに始めないで、「相関性がない」ということを問題として、なぜ相関性がない原因を選択したかの分析を先に行います。**自分たちの原因分析の問題点を解決してからでなければ、原因分析を繰り返しても、また空振りとなってしまいます**。問題解決の原因分析のやり方の問題を解決してから、元の問題の原因を分析するようにしましょう。

プロセス5　対策立案／実施

# 5 DCAPサイクルを回して失敗から学んでレベルアップするしかけ

▶対策の失敗原因洗い出しシート
▶対策のDCAPサイクル管理シート

**こんなときに**

- 的を射た対策ができないとき
- 対策がいつも同じパターンのとき
- 対策がいつも失敗で終わるとき

## 「成功する」対策案を考えるのがダメなわけ

　対策案の立案は、問題を解決するための方法を考えることですが、有効な対策の立案ができないケースに共通する考え方の特性があります。それは、成功する方法を考えるということです。問題解決をしたいのだから、解決できる方法、つまり、成功する方法を考えるのは当たり前だという声が聞こえてきそうですが、ここに落とし穴があります。

　この落とし穴によって、対策立案において、2つの問題を引き起こします。

　1つは**革新的な対策を立案できないという問題**です。成功する方法を考える人は、自分の知識と経験から成功の見通しの立つ方法を選択してしまいます。しかし、それでは、革新的な対策を思いつくことはできません。革新的な方法がいいと言うわけではありませんが、難しい問題解決に共通するのは、今までの知識や経験では太刀打ちできないという点です。そのような問題に対して今までの知識と経験から思いついた対策を行っても解決できないのは当然のことです。

もう1つは、**失敗を繰り返すという問題**です。成功する見通しをもった対策案が失敗すると対策案のすべてを否定して、まったく別の対策案を立案します。過去に成功した対策案が失敗したのは、環境や条件が大きく違うのが原因であり、抜本的に異なる方法でなければ成功しないと考えるのです。成功する対策案に巡り会うまで、様々な対策案を探す旅に出るのです。

## ▍失敗から学ぶ姿勢で対策を考える

　では、どのように考えればよいのでしょうか。それには、**失敗から学ぶ姿勢で対策を考える**ことです。最初の2〜3回の対策は、実験だという気持ちで対策を立案するのです。思い切った、今までやらなかったようなことをやってみるのです。やれば、必ず失敗します。その**失敗原因を探求し、その原因をつぶす改善をした上で、対策案を進化・成長させて**いくことで、今までの知識や経験を超えた対策が成功できるようになります。

　例えば、ネット通販サイトに出店した店が、売り上げが伸びないために対策を考えました。より売れる商品を店頭に並べることを考えるのが普通です。売り上げ成績上位20％の商品が全体の売り上げの80％を占めるというパレートの法則が示すように、売れ筋商品の確保が重要と考えるのです。売れる商品を探して仕入れる取り組みをしますが、売れる商品は、すでに他店舗が扱っています。他店舗が扱っていなくて売れる商品を探しますが、簡単には見つかりません。仕方ないので、他店舗で人気の商品を他店舗より安く売ることにしました。売り上げは伸びましたが、価格競争に陥って赤字になってしまいました。

　この事例の失敗は、「売れ筋商品を仕入れる」「他店舗が扱っていなくて売れる商品がなかった」ことにあります。「売れ筋商品の仕入れる」の失敗から学ぶことは、売れ筋は競争が激しいということです。競争が激しい商品を扱わないで売り上げを上げる方法が革新的な対策案となります。つまり、買う人が少ない商品で売り上げを積み上げる方法で、「ロングテール・ビジネス」と言われるものです。アマゾンなどが採用して

いるビジネスモデルです。そのためには、在庫を持たず、あらゆる商品を取り寄せて販売するスタイルにします。必要なことは、幅広く多様な商品を取り扱うということ、取り寄せるスピード、配送するスピードを高めることです。

「他店舗が扱っていなくて売れる商品がなかった」という失敗から学べるのは、売れる商品は自ら育てるということです。他店舗の売れ筋商品を「安く売る」のではなく、他店舗がどのように売れ筋商品を育てたかを調べ、自店舗の売れ筋商品を育てる対策をするのです。

　失敗から学び対策を進化・成長させて成功させる方法が、DCAPサイクルを回すスパイラルアップ型対策と言います。まず、失敗して、そこから自分たちの考え方と実際とのギャップ、対策実行上足りないものを洗い出し、それを改善した対策案を考えていきます。

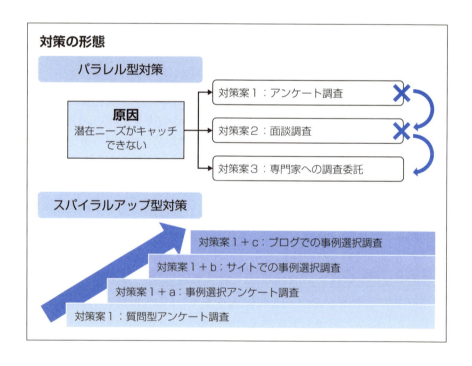

では、「オフィスの清掃請負サービスのサイトを通じた営業拡大の対策」を事例に、DCAPサイクルを回す対策を説明します。

> **事例　アンケート調査で顧客の真のニーズをつかみたいが……**
>
> A社は、オフィスの清掃請負サービスのビジネスを行っています。昨年より、インターネット上にサービス紹介サイトを開設して、サイトを通じて引き合いを受け、契約につなげる新たな営業戦略を展開してきましたが、サイトを通じての契約は思うように増えていきません。潜在顧客ニーズがキャッチできてないため、顧客を引き寄せるサイトができていないことがわかり、対策の1つとして、潜在顧客ニーズのキャッチに取り組むことにしました。
>
> ところが、アンケート調査をしたものの、「特になし」という回答ばかりでニーズがキャッチできませんでした。そこで、面談調査でニーズを聞き出そうとしましたが、面談者が思うように集まらず、専門家への調査委託をすることにしました。このようにA社では、対策が失敗すると次々と新たな対策へ乗り換えて失敗を繰り返すパラレル型対策となっていました。この事例について、DCAPサイクルを回して対策を進化・成長させるスパイラルアップ型対策をどのように行えばいいか考えてみましょう。

●**DCAPサイクルを回してスパイラルアップするためのステップ**●

- **ステップ1**　まず実施して失敗する
- **ステップ2**　失敗の原因を掘り下げて対策案を改善する
- **ステップ3**　失敗から学び対策の改善サイクルを回し続ける

### ステップ1　プロセス5　対策立案／実施

# まず実施して失敗する

## ■あえて「失敗する」コツ

　失敗から学び対策をスパイラルアップさせるためのスタートは、「まず、実施して失敗する」です。学ぶためには、失敗した事実が必要です。原因に対する対策案を立て、すぐに実施します。ただし、失敗から学ぶ対策で気をつけなければならないのは、失敗によるダメージを最小にすることです。ダメージの大きい失敗は、対策を続けることができなくなってしまいます。いかに、ダメージを小さくするかが失敗から学ぶ対策の成功の決め手となります。

　失敗は、必ず数値データなどの客観性ある情報を元に何をどのくらい失敗したか明確にします。

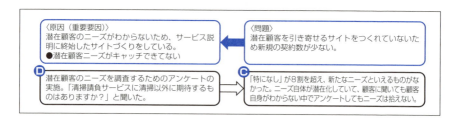

　「潜在顧客ニーズがキャッチできてない」原因に対して、潜在顧客のニーズを調査するためのアンケートを実施しました。「清掃請負サービスに清掃以外に期待するものはありますか？」という質問のアンケートでした。実施した結果、「特になし」が8割を超え、新たなニーズと言えるものがありませんでした。ニーズ自体が潜在化していて、顧客自身がわからない中でアンケートしてもニーズは拾えないことがわかりました。

**ステップ 2** プロセス5 対策立案／実施

# 失敗の原因を掘り下げて対策案を改善する

使うツールはこれ！ **対策の失敗原因洗い出しシート**

## 4Mで失敗の原因を掘り下げる

　対策して失敗したら、その原因を掘り下げて学びを得ます。失敗は、4M（人、機器、原材料・コンテンツ、方法）の視点で、体系的に掘り下げていきます。アンケートの結果、「特になし」が8割を超え、新たなニーズといえるものがなかったという失敗に対して、「人」では、アンケート対象者に起因する原因を考えます。対象者の選定は適切であったのか、対象者が回答する能力があったのかというように考えていきます。対象者の選定では、「潜在顧客を選別する術がない。ニーズが潜在化しているため顧客自身もニーズを認識できない」ことが原因と考えられ、回答能力では、「顧客自身がニーズを認識できていないと回答できない（ニーズ自体が潜在化している）」という原因が考えられます（126頁図内❶）。機器では、アンケートシステムに起因する原因を考えます。今回の事例では、システムに起因する原因はありませんでした（❷）。コンテンツでは、アンケート内容に起因する原因を考えます。質問内容は適切か、選択肢の内容は適切かと考えます。質問内容では、「潜在ニーズを調べるので、質問のしようがなく、オープンクエスチョンで質問していた」という原因が浮かび、選択肢の内容では、「具体的にイメージできる選択肢は示していない。示す選択肢がない」という原因が考えられます（❸）。方法では、アンケート方法に起因する原因を考えます。対象者の招集方法は適切か、集計方法は適切かと考えていきます。対象者の招集では、「偏りなくして不特定多数を対象に集めた」ことから影

響する原因が見受けられませんでした。集計方法では、「特になしの回答は数をカウントし、何か記載があるものはリスト化したが、統計的集計はできてない」という原因が考えられます（下図内❹）。

　一通り原因が洗い出されたら、複数の原因から次の対策立案の学びとなる失敗原因を、共通性、関連性の観点からまとめます。アンケート対象、回答能力、質問内容の間には、ニーズの認識とニーズの聞き方という点で関連性があり、「回答者自身がニーズを認識できてない潜在ニーズをオープンクエスチョンで質問して聞いたため、何も思い浮かばず、特になしと回答した人が多い」を失敗原因としてまとめました（❺）。質問内容、選択肢の内容、集計方法の原因では、イメージないままの質問という点で関連性があり、「質問する側が何の想定も、イメージもないままに質問し、回答結果を集計すれば何かわかるという前提でアンケートをしている」を失敗原因としてまとめました（❻）。

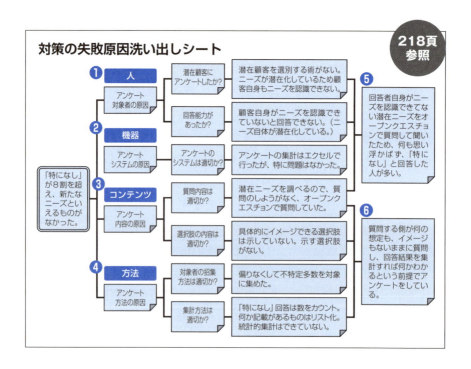

プロセス5　対策立案／実施

# 失敗から学び対策の改善サイクルを回し続ける

対策のDCAPサイクル管理シート

## 失敗原因を取り除いた方法でどう対策するか

失敗原因を整理することができたら、そこから学びを得て、対策案の改善案を検討します。次の対策では、その失敗原因を取り除いた方法での対策をどのようにするのか考えます。

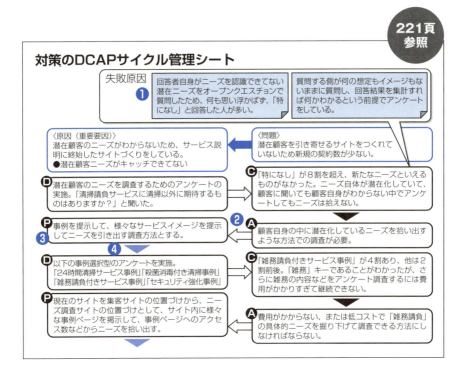

221頁参照

「回答者自身がニーズを認識できてない潜在ニーズをオープンクエスチョンで質問したため、何も思い浮かばず、特になしと回答した人が多い」「質問する側が何の想定もイメージもないままに質問し、回答結果を集計すれば何かわかるという前提でアンケートをしている」という失敗原因を受けて（127頁図内❶）、「顧客自身の中に潜在化しているニーズを拾い出すような方法での調査が必要」という改善ニーズが導き出され（❷）、「事例を提示して、様々なサービスイメージを提示してニーズを引き出す調査方法とする」といった対策の改善を行うことにしました（❸）。

例えば「24時間清掃サービス事例」「殺菌消毒付き清掃事例」「雑務請負付きサービス事例」「セキュリティ強化事例」といったサービスイメージをわかせる事例選択型でのアンケートを実施しました（❹）。

改善後のアンケート調査では、具体的サービスに対するニーズの傾向をつかむことができるようになりました。一方で、アンケート調査は費用がかかりすぎて、継続できないことになりました。そこで、費用がかからず、ニーズを掘り下げる方法を考えなければならなくなり、調査方法の次なる改善案の検討をしていきます。このように、実施結果から失敗原因を探り、対策案自体を改善するというDCAPサイクルを回すスタイルで対策を進化成長させていき、効果的な対策を実現させます。

**プロセス6　評価とふり返り**

# 6 4つの切り口を5つの評価視点で評価しふり返るしかけ

▶取り組みの評価とふり返りシート

**こんなときに**

- 問題解決の効果が小さいとき
- 問題解決の取り組みの経験が次に活かされないとき
- 新たな問題に対する解決力が高まらないとき

## 結果だけを見ても取り組みが適切なのか判断できないことも

　効果的な問題解決のためには、自分たちの取り組んだことを評価しなければなりません。評価結果をもとに、取り組みを見直すPDCAサイクルを回し、問題解決のレベルアップをしていきます。

　しかし、目標に対する達成度だけを評価するだけで、問題解決のブラッシュアップはできるのでしょうか？　たまたま、顧客や競合などの外部環境変化によって目標が達成されただけかもしれません。結果だけ見ていても、取り組みの適切性は判断できないときがあります。

　問題解決の取り組みをブラッシュアップするためには、得られた結果のデータを4つの切り口で分析し、5つの視点で評価することで、自分たちの取り組みを多面的かつ客観的にふり返りましょう。

　4つの切り口とは、「ボリューム」「推移」「割合」「相関性」です。「ボリューム」は、データの大きさを見ることで、目標や基準との対比、前後の比較を容易にするものです。

「推移」は、データの連続的変化を見ることで、時系列や一連の取り組みにおける推移を知ることができます。

「割合」は、データの内訳を見ることで、全体における占有度合いを知ることができます。

「相関性」は、データ間の比例関係とその強さを見ることで、原因と結果の関係の確からしさを知ることができます。

この４つの切り口で分析されたデータに対して、「目標に対する結果」「取り組み前後の変化」「競合との差異」「効果を出し続ける力」「リスクの増減」という５つの視点で評価します。

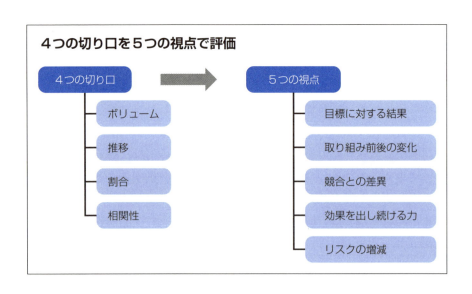

## 目標に対する結果の評価

最初は、目標に対する結果の評価です。目標をクリアしたか否かを評価します。評価は、「目標を達成した」「達成できなかった」に分かれますが、それだけで終わらせず、もう一歩踏み込んで評価しましょう。

達成したとき、その取り組みは、目標達成に対して的を射た内容でしたか？　的を射た取り組みで目標を達成しているのであれば、取り組み内容の計画方法の良かった点をふり返り、今後の計画に反映するようにします。

達成の有無に関係なく、的を射た活動ではなかった場合、自分たちの取り組みの問題点をふり返り、次に同じ轍を踏まないようにするにはどうしたらよいか考えましょう。

そもそも、取り組みができていないのであれば、実行できる体制や風土づくりに取り組みましょう。

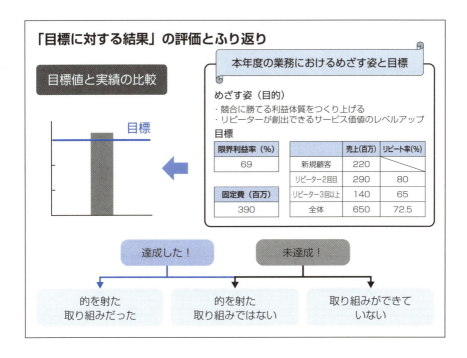

## 取り組み前後の変化を評価する

次の視点は、取り組み前後の変化です。取り組み前の実績データと取り組み後のデータを比較します。取り組み前より向上した、低下または変わらなかったという評価をします。

そのとき、自分たちの問題解決力の成長についても評価してみましょう。取り組みによって、自分たちの問題解決力は変化、または成長できているのなら、問題解決は自分たちの問題解決力の成長によって達成できたことになります。引き続き成長できるように、問題解決の継続性に向けた取り組みをします。

変化や成長がわからない、または変化や成長を感じられないのであれば、現在の問題解決は単なる作業となっています。自分たちの問題解決力を高めることで結果を出す取り組みを模索しましょう。

低下または変わらずの結果において、取り組みに停滞や後退があったのなら、その原因を突き止め、早急に対策する必要があります。

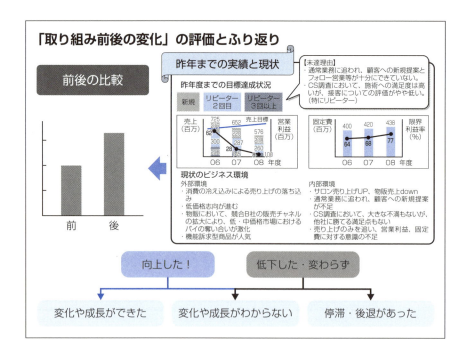

## 競合との差異を比較する

続いて、競合との比較です。取り組み前後の自社と競合の差異を比較します。競合よりも上回った場合、下回った場合があります。結果が上回り、取り組みにおいて競合を凌駕するものがあったと評価できたなら、問題解決によって新たな競争力を手に入れたことになります。その競争力の源をさらに高める取り組みをしていきましょう。

結果に関係なく、問題解決において競合との違いが見えないのであれば、現在の取り組みは競争力の源を特定できていません。自社の競争力について、再度検討し、競合を上回る問題解決への取り組みをめざしましょう。

結果が下回り、自社よりも競合に優れた点が見られる場合、競合が自分たち以上の取り組みをしていることになります。競合の取り組みを分析し、それを超える取り組み計画を検討しましょう。

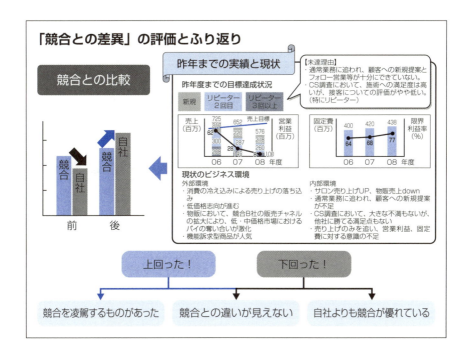

## 効果を出し続ける力

　効果を出し続ける力は、最も難しいテーマの1つです。継続は力なりと言われるように、自分たちの良さや強さをしっかりと認識し、それを継続して活かすことができれば、間違いなく発展します。

　目標に対する結果が一過性のものではなく、継続しているか評価します。良い結果が継続しているとき、そこに続ける仕組みが機能しているか評価しましょう。

　続ける仕組みがあるのなら、それを特定して、大切に守っていくようにします。

　同じ継続でも、悪い結果が継続しているなら、そこに、悪いことを続ける仕組みができ上がっていないか調査してください。もし悪いことを続ける仕組みがあるなら、それを根絶する取り組みが必要です。

　続けることが、人に依存しているのなら、それを仕組みによって続けられるように改善しましょう。続けることへの意識も取り組みもない場

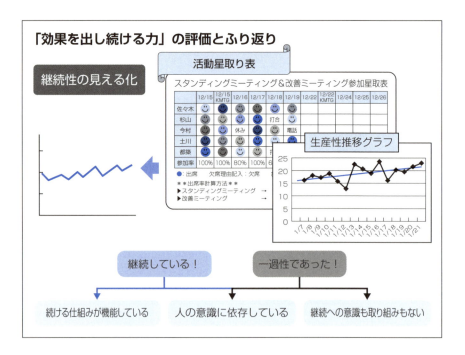

合は、続けることの価値と重要性を啓蒙して、意識づくり、仕組みづくりを行いましょう。

## リスクの増減の評価

リスクの増減の評価は、問題解決の危険性や脆弱性を「見える化」することです。クレームや納期遅延などの件数の増減などから評価します。

リスクの低下、または高まりを評価し、リスクが変わらず、または低下していて、活動において、過去の経験や管理が効いていると評価できるときは、その経験や管理を継続できるようにしましょう。

活動において、何がリスクなのか、何を評価すればよいのかわからないときは、自分たちの身の回りにある危険や脆弱がわからないということです。まずは、リスクをどのように評価すればよいか検討しなければなりません。

リスクが高まっている中、過去の経験や管理方法が通用していないと評価された場合は、リスクを抑える手立てがないということになります。

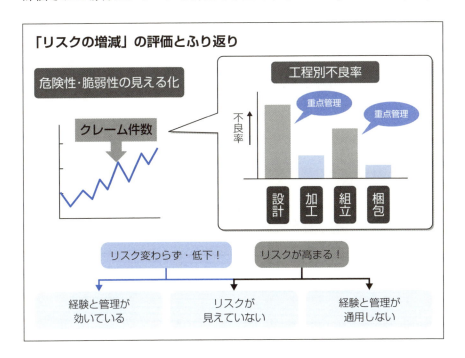

従来と変えた取り組みをすぐに元に戻し、リスク改善への取り組みを最優先で行わなければなりません。

以上のような視点で、問題解決の評価とふり返りを行い、PDCAサイクルを回して、問題解決のブラシュアップを行っていきます。

では、「オフィスの清掃請負サービスのサイトを通じた営業拡大の対策」を事例に、問題解決の評価とふり返りの進め方について説明します。

> **事例** 集客のためのサイト制作で本当に問題は解決したのか？
>
> A社は、オフィスの清掃請負サービスのビジネスを行っています。インターネット上にオフィス清掃請負サービスの潜在顧客を引き寄せるサイトをつくり、売り上げをアップさせる対策を行ってきました。一通りの対策が終わったので、問題解決の評価とふり返りを行います。どのような視点で評価し、ふり返ればいいか考えてみましょう。

## ●4つの切り口を5つの視点で評価しふり返るステップ●

**ステップ1** 5つの視点で取り組みの評価とふり返りを進める

プロセス6　評価とふり返り

# 5つの視点で取り組みの評価とふり返りを進める

 取り組みの評価とふり返りシート

## 4つの切り口で5つの視点の評価・振り返りをする

　最初の切り口は、ボリュームです（138頁図内❶）。大きさの大小の比較、基準に対する比較を行い、「目標に対する結果」を評価します。「サイトへの集客数」「サイトからの売上高」のデータを棒グラフで表し、増減や達成度を見ていきます。「取り組み前後の変化」も見てみましょう。「対策前後で目標とするサイトへの集客数が増加し、売り上げも増加しているので、取り組みは目的を達成できた」とふり返ることができます。

　推移の切り口は、「時系列での推移」「変動・安定性」を見るものです（❷）。「週別のサイト集客数」を折れ線グラフで表し、時間が経過する中での集客数の増減を評価します。「集客数は最初不安定であったが、9週目あたりから増加し、安定していることから、対策は定着している」ことから「効果を出し続ける力」がついてきたと言えます。

　割合の切り口は、「全体に占める割合」「割合の比較」を評価します（❸）。「サイトへの流入元の割合」を円グラフで表し、どこからサイトにアクセスしてきているのか見ます。「当初興味を示さなかった代理店経由の顧客がサイトに流入してきて評価を得ている。サイト流入元不明が4割以上あり、流入数を増やす対象がはっきりと把握できていない」ということがわかり、「リスクの増減」という点からも注意が必要です。

　相関性の切り口では、「2つの事項の相関」「比例関係の強さ」「バラツキ」を見ます（❹）。日あたり集客数と売上高の関係を散布図で表し、相関性を評価します。「日あたり集客数50くらいまでは売り上げと正の

相関にあり、サイトへの集客数の増加がそのまま売り上げの増加となっている。50以上で売り上げが頭打ちになっていて別の施策が必要」というふり返りができました。ここまで競合を意識しないまま取り組んできましたが、50以上の集客では、「競合との差異」の点から競合を分析して、参考にする取り組みも必要と考えられます。

　以上の評価とふり返り結果を元に、オフィスの清掃請負サービスの売上拡大のためのサイトづくりのブラシュッアップとサイト以外の課題への取り組みにつなげていきます。また、自分たちの問題解決力のレベルアップのための教育や改善にも活かしていきます。

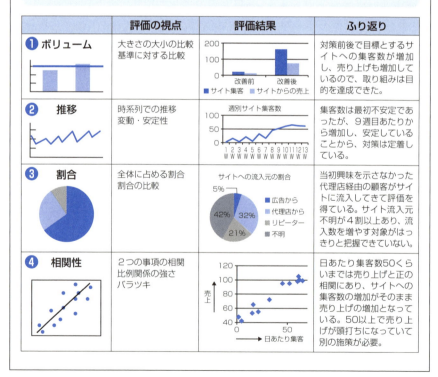

*Part* **3**

# 問題解決ツール37

# プロセスごとに最適なツールを使いこなす

## 各プロセスでどんなツールを使うのか？

　Part2では、問題解決の落とし穴に落ちずに、問題解決力を高めるためのしかけ（具体策）をツールも含めて事例を交えて紹介しました。しかし、世の中には千差万別の仕事があり、環境や条件も異なることから、紹介したしかけ（具体策）がそのまま当てはまることはありません。一部だけを使ったり、応用した使い方をしたりするはずです。おそらく、いざ実践するとなったらPart2で紹介したツールだけでは足りないことでしょう。

　このパートでは、Part2で紹介したツールも含めて、問題解決の実践の場で役立ち、効果を上げた37のツールを紹介します。どのような場面で役立つツールなのか、その効能と使い方の手順を紹介しています。ツールのサンプルには、事例を入れてありますので、使い方の手順と併せて見ていくことで、使い方や効能のイメージが高まるはずです。

　Part2ではツールの個々の使い方の手順まで説明していませんので、Part3と併せて読むと、理解がよりいっそう深まります。

　問題解決ストーリーにプロセスと対比させた適用一覧も用意したので、問題解決の取り組みの段階において、必要なツールを選択して使ってみてください。応用利用できるプロセスも対比させていますので、参考にしてツールの利用の幅を広げてみましょう。

## ツールの適用一覧

◎：適している　　○：応用利用できる

| NO | ツール名 | テーマ選定/設定 | 問題把握課題設定 | 目標設定 | 原因分析 | 対策立案実施 | 評価とふり返り | 頁 |
|---|---|---|---|---|---|---|---|---|
| 1 | 問題背景整理シート | ◎ | ○ | | | | | 142 |
| 2 | 問題解決の目的・対象整理シート | ◎ | ○ | | | | | 145 |
| 3 | 問題解決のロードマップ | ◎ | ○ | ○ | | | | 148 |
| 4 | シナリオ・マップ | ◎ | ○ | ○ | | | | 150 |
| 5 | めざす姿の定義シート | ◎ | ○ | ○ | | | | 153 |
| 6 | めざす姿のシミュレーション・プラン | ◎ | ○ | ○ | ○ | ○ | ○ | 155 |
| 7 | ビジネスモデルのめざす姿定義シート | ◎ | ○ | ○ | ○ | ○ | ○ | 157 |
| 8 | 内外環境分析シート（SWOT分析） | ◎ | | | | | | 160 |
| 9 | ビジネステーマのフレームワーク検討シート(アンゾフの成長マトリックス) | ◎ | | | | ○ | | 163 |
| 10 | プロセス・パフォーマンスチャート | ○ | ◎ | ◎ | | | | 166 |
| 11 | 影響度評価シュミレーション・プラン | | ◎ | ○ | ○ | ○ | ○ | 169 |
| 12 | 問題事象整理シート | ○ | ◎ | | ○ | | ○ | 171 |
| 13 | プロセス×問題行動マトリックスシート | | ◎ | | ○ | | | 173 |
| 14 | 問題行動の事実・相関確認シート | | ◎ | | ○ | | ○ | 175 |
| 15 | めざす姿と現状のシナリオ別比較整理シート | | ◎ | | ○ | | | 178 |
| 16 | シナリオ項目別課題整理シート | | ◎ | | ○ | ○ | | 180 |
| 17 | 課題試行評価シート | | ◎ | | ○ | ○ | ○ | 182 |
| 18 | 会計指標評価による問題検討シート | | ◎ | ○ | | | ○ | 184 |
| 19 | データ収集チェックシート | | ◎ | ○ | | | ○ | 187 |
| 20 | 目標設定シート | | ○ | ◎ | | | ◎ | 190 |
| 21 | 数値をイメージ化するグラフ | | ○ | ◎ | ○ | | ◎ | 193 |
| 22 | 組織能力目標展開シート | ○ | ○ | ◎ | | | ○ | 198 |
| 23 | 原因系統洗い出しシート | | ○ | | ◎ | ○ | | 202 |
| 24 | 原因の因果関係整理シート | | ○ | | ◎ | ○ | | 204 |
| 25 | 重要要因と問題の相関評価散布図 | | | | ◎ | ○ | ○ | 206 |
| 26 | 要因と結果の相関性を見る回帰分析 | | | | ◎ | ○ | ◎ | 209 |
| 27 | ロスコストツリー・マトリックス分析シート | | ○ | | ◎ | | | 212 |
| 28 | 対策の失敗原因洗い出しシート | | ○ | | ◎ | ◎ | | 218 |
| 29 | 対策のDCAPサイクル管理シート | | ○ | | | ◎ | | 221 |
| 30 | プロセスの改善案組み合わせ検討シート | | ○ | ○ | | ◎ | | 224 |
| 31 | 目的×手段展開ツリー(系統図法) | | ○ | | ○ | ◎ | | 226 |
| 32 | ローテーション影響・効果検討シート | | ○ | | ○ | ◎ | | 228 |
| 33 | アロー・ダイヤグラム | | ○ | ○ | | ◎ | ○ | 230 |
| 34 | 過程決定計画のためのPDPC法 | | ○ | | ○ | ◎ | | 232 |
| 35 | ABC（活動基準原価）計算シート | | ○ | ○ | ○ | ◎ | ○ | 234 |
| 36 | 取り組みの評価とふり返りシート | | ○ | ○ | ○ | | ◎ | 237 |
| 37 | 目標・予算実績管理シート | | ○ | ◎ | | | ◎ | 240 |

# 問題背景整理シート

テーマ選定/設定

**効 能**

問題の背景や取り巻く環境を認識することによって

- 自分たちの職場や業務目標、顧客の要求と整合した問題解決ができる
- 環境変化に対応した問題解決ができる
- 陳腐化した自分たちの常識を打破した問題解決ができる

　問題は、その発生に至る背景があります。同じ事象の問題であっても背景が異なれば、原因も対策も異なります。納期遅延が、仕事の滞留を対策すれば必ず解決できるものではないのと同じです。品質トラブルの改善が必要であったり、スキルの平準化が必要であったり、その仕事を行う環境や体制、条件などによって必要とする対策は異なるのです。

　問題背景整理シートは、問題の原因分析や対策立案に影響する背景や取り巻く環境を洗い出し整理して、原因分析・対策立案において対応しなければならないことを明らかにするツールです。

**手 順**

**❶目の前の問題を記載する**

　目の前にある解決を求められている問題を明確にします。

**❷自分たちのミッション（職場目標または業務目標）を明らかにする**

　自分たちに課せられている職場目標または業務目標を明確にします。

　原則、数値で表します。数値にすることで、主観が排除され、より客観的なものとしてとらえることができます。

　職場目標や業務目標がない、または、わからないという場合もあります。これは、問題解決を図っても効果がわからない、評価できないとことの最大の原因です。目標がなければ、問題解決を機に設定してみましょう。設定できなければ、それを一番最初の問題解決テーマとして取り

組みましょう。

付箋紙に、自分たちのミッションの概要をまとめて書いておきます。

この付箋紙は、次のステップで使用します。

### ❸顧客（次工程）要求を明らかにする

自分たちの仕事における顧客または次工程からの要求を明確にします。顧客は必ず何かを求めています。はっきりと明示する顧客もいますが、明示できない顧客もいます。明示できない場合は、自分たちが顧客になり代わって、顧客の要求を定義しましょう。

ここでも付箋紙に概要をまとめて書いておいてください。

### ❹最近の環境変化を明らかにする

問題の対象の職場または業務を取り巻く環境で、1〜3年の間に変化したことを明確にします。

数量的に変化したこと、質的に変化したこと、時期や頻度において変化したこと、制約条件などで変化したことなどを調べます。

付箋紙に、同様に概要をまとめて書いておいてください。

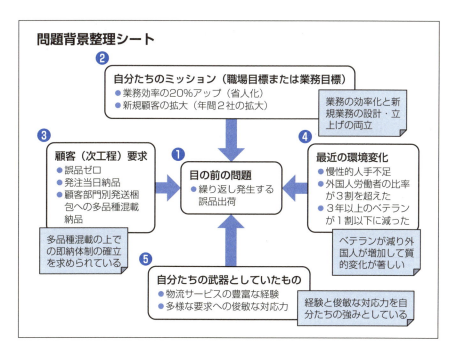

❺**自分たちが武器としていたものを明らかにする**

　自分たちが仕事の中で強みとしていた方法やツール、特徴を明確にします。過去の成功の基礎となっているもの、他社に比べて強いもの、独自性があるもの、顧客より高く評価を受けているものを考えて洗い出します。

　ここでも付箋紙に概要をまとめて書いておいてください。

❻**重複や抜けを確認する**

　明確にした背景や環境の全体、相互を見て、重複や抜け、不整合などを確認します。「自分たちのミッション」と「顧客の要求」の間に矛盾や不整合があると、目的の設定でも矛盾や不整合が発生するので気をつけましょう。

「最近の環境変化」と「自分たちの武器としていたもの」の間では、自分たちの武器が環境変化に追随できず、陳腐化していないかなど関連性を確認しましょう。

---

> **❗ 使いこなすポイント**
>
> 　問題解決では物事をマイナスにとらえる傾向があります。問題点や弱点、困っていることなどばかりに目が向いてしまいますが、自分たちの強みとしてきたものを活かす視点も忘れないようにしましょう。自分たちの強みを意図して活かすことのできる問題解決が競争力の高い問題解決となり、先輩たちの知恵を次代に伝承していくことにつながります。

## 問題解決の目的・対象整理シート

 テーマ選定／設定

### 効能

変化・挑戦・転換視点で目的を設定することによって
- 職場や仕事のレベルアップをはかる問題解決ができる
- できないことができるようになる問題解決をめざすことができる
- 自分たちの常識を打破する本質的問題解決をめざすことができる

　問題解決は、目的を達成するための手段です。何のために問題解決するのか、その目的があいまいなままの取り組みは、効果もあいまいのまま終わります。問題解決に時間とお金をかける価値のある効果を出すためには、目的を明確にしなければなりません。問題解決の目的・対象整理シートは、問題解決の目的と対象を明らかにし、問題解決を意義と効果のある取り組みにするものです。

### 手順

**❶問題の背景や取り巻く環境を配置する**

　問題背景整理シート（142頁）で付箋紙に書いた「自分たちのミッション」「顧客要求」「最近の環境変化」「自分たちの武器としていたもの」を問題解決の目的・対象整理シートに配置します。

　職場や業務の変化または成長に関連するものは変化または成長ポイントの枠内に、できていないことへの挑戦に関するものは挑戦のポイントの枠内に、自分たちの常識の転換または打破に関するものは転換または打破のポイント枠内に貼ります。2つのポイントに関連している場合は、両枠をまたぐように貼ります。

**❷変化または成長ポイントを考える**

　変化または成長ポイントの枠内に貼られている付箋紙の背景や環境の

内容を参考に、問題解決によって、職場や業務の変化または成長をどのようにしていくべきか、どのように高めていくべきか考えます。

❸**挑戦ポイントを考える**

同様に、成長ポイントの枠内に貼られている付箋紙の背景や環境の内容を参考に、問題解決では何に挑戦し何をできるようにすべきか考えます。

❹**転換または打破ポイントを考える**

転換または打破ポイントの枠内に貼られている付箋紙の背景や環境の内容を参考に、問題解決を通じて、自分たちのどのような常識を転換または打破すべきか考えます。

❺**目的と対象の設定**

3つのポイントを盛り込んだ問題の先にある目的を考え、その目的を実現するために問題解決の対象を何にすべきか考えて設定します。

---

**❗ 使いこなすポイント**

変化または成長ポイント、挑戦ポイント、転換または打破ポイントをバランスよく考え、目的の設定でもこれらのバランスをはかりながら考えるようにしましょう。

これら3つのポイントは、相互に影響し相反する場合もありますので、そのバランスをとることが現実的な目的設定の要となります。

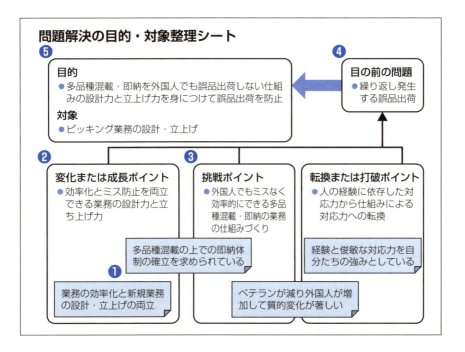

# 問題解決のロードマップ

テーマ選定/設定

**効 能**

目的を達成するための問題解決の道筋を明確にすることによって
- 効果ある問題解決の成功確率を高めることができる
- 問題解決が正しく進んでいるか確信を持ちながら取り組むことができる
- チームとしての取り組みにブレがなくチーム一丸となった取り組みができる

　問題は、1つの問題を解決すれば、それで終わりというものではありません。多くの場合、複数の問題が絡み合って1つの大きな問題となっています。大きな1つの問題を解決するためには絡み合っている複数の問題を順に解決していかなければなりません。また、問題解決には、複数の対策を要する場合もあります。このような**複数の問題と対策をどのような順に対策していけばいいか整理するツール**が問題解決のロードマップです。問題解決に向けて、段階を踏んだ取り組みの道筋を明らかにするものです。

**手 順**

❶**基盤づくりの姿を定義する**

　目的達成に向けてあらかじめ確立していなければならない仕事の仕組みやプロセス、手順の確立、スキルの習得がされた状態をイメージして定義します。

❷**コアづくりの姿を定義する**

　目的を達成するために問題解決の中核となる対策ができている状態をイメージして定義します。

　具体的な対策案や施策を書いてしまいがちですが、何かできていたり、確立している状態、より良い状態となっている姿を書きましょう。

### ❸運用体制づくりの姿を定義する

つくり上げた基盤やコアが正しく機能し、運用されているときの環境、人員、機器やシステム、製品やコンテンツなどの状態をイメージして定義します。

> **！ 使いこなすポイント**
>
> 問題解決に不可欠な自分たちの「基盤」とは何かを明確にした上で、問題解決の成否を決定づける「コア」を整理しましょう。「基盤」がしっかりしていると「コア」はより強いものを選ぶことができるため成功確率が高まり、効果も大きいものとなります。「基盤」が弱いと「コア」は貧弱になり、成功の確率も下がり、効果も薄いものとなります。

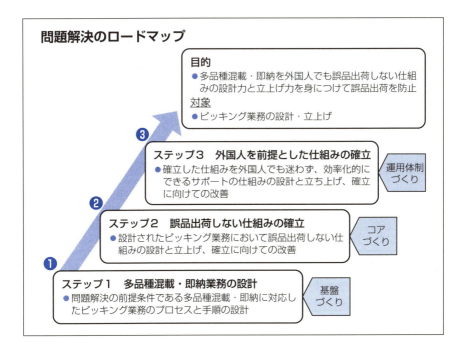

# シナリオ・マップ

テーマ選定/設定

**効能**

筋書き(シナリオ)を明確にすることによって
- めざす姿に盛り込むべき事柄が抜けなく論理的に洗い出すことができる
- めざす姿が主観や思いつきにならない
- みんなの理解と共感の得られるめざす姿が定義できる

　課題解決は、まだ見ぬ理想の状態を実現するための活動ですから、人によって、条件によって、その理想の状態は様々なものが想定されます。また、何に着目してその理想の状態を評価するのかによっても良し悪しの判断が分かれてしまいます。課題解決では、メンバー同士で実現する理想の状態を共有し、同じ視点で評価しなければ、取り組みがバラバラになってしまいます。

　シナリオ・マップは、<u>理想の状態をバランススコアの経営の視点で整理し共有するためのツール</u>です。

## 手順

**❶シナリオテーマを明確にする**

　これから何のめざす姿を定義しようとしているか明記します。

**❷業績の視点でシナリオを考える**

　業績視点でシナリオを考え、付箋紙に書いて業績の視点の枠に貼ります。経営者や管理者の視点で考えてみましょう。シナリオに上下関係がある場合は、下位のシナリオから上位のシナリオに矢印を引きます。

**❸顧客の視点のシナリオを考える**

　業績視点のシナリオ1つに対して、それに寄与する顧客視点のシナリオを考え、付箋紙に書いて貼ります。顧客が何を期待しているか、顧客の立場に立って考えてみましょう。寄与するシナリオに向けて矢印を引

きます。寄与する先が複数ある場合は、それぞれに矢印を引きます。

### ❹業務プロセスの視点のシナリオを考える

同様に、顧客視点のシナリオ1つに対して、それに寄与する業務プロセス視点のシナリオを考え、付箋紙に書いて貼ります。現在の業務プロセスにとらわれず、柔軟に、挑戦的なアイディアを出しましょう。他社や他業界の事例なども研究してみましょう。

### ❺学習と成長の視点のシナリオを考える

同様に、業務プロセス視点のシナリオ1つに対して、それに寄与する学習と成長視点のシナリオを考え、付箋紙に書いて貼ります。何が自分たちに足りないのか、自分たちの可能性はどこにあるのか考えてみましょう。

### ❻めざす姿のシナリオを選ぶ

シナリオテーマと背景などを踏まえて、シナリオテーマに最も関連性が高く大きく寄与する一連のシナリオを選んで、点線で囲みます。囲んで一連のシナリオを読んでみてワクワクしますか？ ワクワクしない場

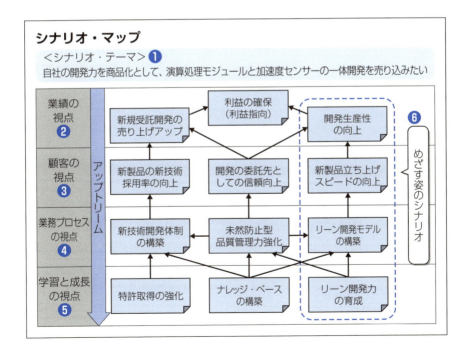

合は、まだ現実にとらわれているかもしれません。顧客や業務プロセスのシナリオをもっと柔軟に、挑戦的なものに変えてみましょう。

> **！ 使いこなすポイント**
>
> 　業績の視点から順に学習と成長の視点へ向かって考えることがポイントです。逆の流れで考えると自分たちのやりたいことが全面に出てきたシナリオになってしまいます。私たちは、顧客に価値を提供する企業として事業継続の責務があります。そのためには、利益を出し、次の価値創造に向けて投資をし続けなければなりません。
>
> 　事業継続のために利益の確保をゴールとしてめざす姿を描くことで、単に「やりたいこと」ではなく、「やらねばならないこと」がシナリオになります。

## ツール 5 めざす姿の定義シート

テーマ選定/設定

**効能**

シナリオをつなぎ合わせて定義することによって
→
- めざす姿のあいまいさがなくなり具体化できる
- 会社のビジネス構造を踏まえてめざす姿が明確にできる
- シナリオ展開によってめざす姿が論理的に設定できる

　課題解決のシナリオ（筋書き）に沿って課題を解決するためには、具体的な目標がなければ、何をしていくのか、取り組んだことが正しいのかわかりません。めざす姿の定義シートは、シナリオに沿って、シナリオごとのめざす姿を明確にし、それをつなぎ合わせることよって、最終のめざす姿を具体的に表すツールです。

### 手順

**❶学習と成長のめざす姿を定義する**

　シナリオ（151頁参照）の付箋紙を学習と成長の枠に貼り、シナリオを具体化しためざす姿を定義して記入します。「何が、どのように、どうなる」のように具体的な姿がイメージできる文章を簡潔にまとめます。

**❷業務プロセスのめざす姿を定義する**

　業務プロセスのシナリオを具体化してめざす姿を定義して記入します。背景となる技術や手法について、その名称を正確に書きましょう。人によって解釈が大きく違う言葉は、注釈などを入れてください。

**❸顧客のめざす姿を定義する**

　顧客のシナリオを具体化してめざす姿を定義して記入します。業務プロセスのめざす姿と整合したものとなるようにします。自分たちが顧客にどのような価値を提供できているか考えてください。

### ❹ 業績のめざす姿を定義する

業績のシナリオを具体化してめざす姿を定義して記入します。業務プロセスや顧客のめざす姿とのつながりが途切れないようにしましょう。

### ❺ それぞれのめざす姿をまとめる

それぞれのめざす姿をつなげて、1つのめざす姿としてまとめます。できるだけ簡潔にまとめましょう。

> **！ 使いこなすポイント**
>
> 学習と成長のめざす姿の明確から考えて、シナリオに沿って順にそれぞれのめざす姿を考えていきます。「学習と成長」「業務プロセス」のめざす姿は課題解決の対策イメージとなり、「顧客」「業績」のめざす姿は、対策によって得られる効果のイメージとなります。

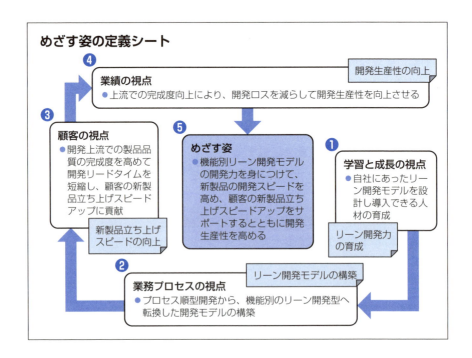

## ツール6 めざす姿のシミュレーション・プラン

テーマ選定／設定

**効能**

めざす姿のシミュレーションを行うことによって
- 想定外の事態で問題解決が停滞したり頓挫することを防止できる
- シナリオの確度が高まり、成功確率の高い課題解決ができる
- 気づき力や実現性高い対策立案力が高まり、レベルの高い課題解決ができる

　課題解決の目的（めざす姿）は、机上で考えられた理想の状態で、前提となる環境や条件も理想的な状態を設定してしまいます。しかし、実際には想定外と言われる環境や条件によって、めざす姿が思った通り実現できないことの方が多いものです。想定外をあぶり出す最も確実な方法は「やってみる」ことです。めざす姿のシミュレーション・プランは、「やってみて」想定外をあぶり出し、**課題解決に織り込むべき事項を明らかにするためのシミュレーションを計画するためのツール**です。

**手 順**

**❶めざす姿を記載する**

**❷シナリオ項目に付箋紙を並べる**

　シナリオ項目の枠にシナリオの付箋紙をシナリオの順に貼ります。シミュレーションは、学習と成長のシナリオから業績のシナリオに向けて、順番に行っていきますので、その順番に並べます。

**❸シミュレーションのねらいを定義する**

　シナリオごとのシミュレーションのねらいを定義します。何を検証または確認するかを明確にします。ねらいが定義できない場合は、もとのめざす姿にあいまいさがあります。めざす姿をもっと具体化してください。

### ❹シミュレーション方法を考える

　シミュレーションのねらいを満たすシミュレーション方法を考えます。以下の例を参考に、失敗のダメージが最小となる方法にしましょう。

- ・実業務における試行　・エクセルなどを使った計算シミュレーション
- ・模型などを使ったシミュレーション
- ・状態を想定した演技（ロールプレイ）
- ・範囲や条件を限定した実験またはモニタリング

> **! 使いこなすポイント**
>
> 　シミュレーションは、めざす姿を実現するための対策案を評価することと混同することがあります。シミュレーションは、シナリオごとのめざす姿を実現することが可能か否か、実現する上での障害は何かを明らかにすることです。

## めざす姿のシミュレーション・プラン

**❶ めざす姿**
- 機能別リーン開発モデルの開発力を身につけて、新製品の開発スピードを高め、顧客の新製品立ち上げスピードアップをサポートするとともに開発生産性を高める

| シナリオ | | ❷ シナリオ項目 | ❸ ねらい | ❹ 方法 |
|---|---|---|---|---|
| | 1 | リーン開発力の育成 | リーン開発を理解し、自社にあった応用できる素養があるか確認 | リーン開発の外部研修を受講し、自社の扱う製品開発に応用できる提案ができるか否かで確認する |
| | 2 | リーン開発モデルの構築 | 自社の扱う製品にリーン開発が適用できるか評価 | 自社のリーン開発モデルフローを作成。開発済みの製品の開発データを使って、そのフロー通りに必要とする開発事項がクリアできるか評価する |
| | 3 | 新製品立ち上げスピードの向上 | 新製品の開発スピードが向上するか検証 | 2のフローとシミュレーション結果から開発のリードタイムがどのくらい短くなるのか試算し評価する |
| | 4 | 開発生産性の向上 | 開発ロスが減り、開発生産性が高まるか検証 | 2のフローとシミュレーション結果から発生した問題のうち、どの程度が上流で解決され、開発ロスが減り、どの程度開発生産性が高まるのか試算し評価する |

# ビジネスモデルのめざす姿 定義シート

 テーマ選定／設定

### 効能

ビジネスプロセスからめざす姿を明らかにすることによって
- 自社のビジネスモデルとしてのめざす姿を明確にできる
- 自社の価値源泉となっているプロセスを活かしためざす姿が描ける
- 競争力あるビジネスのめざす姿が描ける

ビジネスに関する課題解決では、自分たちが培ってきた力を活かし、競争力あるめざす姿を描くことが重要になります。しかし、いざめざす姿を描こうとしても、漠然としていてなかなかイメージできないものです。市場や業界におけるビジネスプロセスにおいて、自社が担っているプロセスが自社の価値を創造し高めている価値源泉プロセスとなり、そのプロセスが自社の競争力を左右するものとなります。「ビジネスモデルのめざす姿定義シート」は、この価値源泉プロセスに着目して、顧客からの評価・競合に対する強みを整理し、今まで培ってきた力を活かし、競争力あるめざす姿を描くためのツールです。

### 手順

**❶価値源泉となっているプロセスを明確にする**

市場や業界のビジネスプロセスにおける自社の価値源泉のプロセスを明らかにします。自社の価値源泉のプロセスは、ビジネスにおいて何を担っているか考えます。

**❷自社の今までのビジネスモデルを明確にする**

自社の価値源泉となっているプロセスにおいて、今まで自社を成功に導いてきたビジネスモデルを明らかにします。ビジネスモデルには、以下の価値源泉事項がどのようなものか明らかにします。

・顧客から評価されているもの

・競合他社に対する自社の強み
❸ **価値源泉のプロセスを評価する指標の決定**
　価値源泉のプロセスの現在の状況を評価するための指標を選択します。
❹ **選択した指標のデータの入手と評価**
　選択した指標の過去３年間のデータを入手し、３年間の傾向と現在の状況を分析し、現在の価値源泉のプロセスの状況について、以下の点を評価します。
・顧客から評価されていたものの評価の変化
・競合他社に対する強みの変化
・新たな弱みの出現
・売上や利益との関係
❺ **これからのビジネスモデルのめざす姿の定義**
　価値源泉のプロセスの現在の状況に基づいて、これからのビジネスモデルのめざす姿を定義します。めざす姿の定義では、価値源泉のプロセスの以下の点を反映して作成します。
・顧客から評価されているもの
・競合他社に対する強み

> **! 使いこなすポイント**
>
> 　ビジネスプロセスにおいて自社が担っているプロセスに対する顧客からの評価や競合に対する強みを強化することがビジネスモデルの競争力向上につながります。自社の価値源泉プロセスにおいて、今までのビジネスモデルの特徴をしっかりと整理して、顧客からの評価や競合に対する強みについて認識を深めることで、これからのビジネスモデルを競争力あるものとして定義することができるようになります。

## ビジネスモデルのめざす姿定義シート

❶
引合 ▷ 商談 ▷ 開発 ▷ 製造 ▷ 提供 ▷ 運用 ▷ 保守 ▷ 更新

● 今までのビジネスモデルは？ ❷
デザイン性と機能性を両立した他社にない一品モノの高級家具メーカーとしてのブランドが浸透した高い製品開発力が価値源泉のビジネスモデル

**指標** ❸
- 固定資産回転率
- 棚卸し資産回転率
- 限界利益率
- 損益分岐点
- 売上高の伸率
- 限界利益率の伸率
- 労働生産性
- 労働分配率
- 設備投資効率
- 労働装備率

❹ ● 指標から見える現在の状況
労働生産性の低下。限界利益率の低下。
要求の多様化に伴い、当たるデザインが生まれにくくなって、デザインにかける時間が長くなりデザイナーの労働生産性の低下。デザイン競争力の低下によって、販売価格を下げないと売れなくなっている。

● 指標から見える現在の状況
損益分岐点が高くなっている。売上高は伸び悩み。
デザイン工数の増加と販売価格の下落によって損益分岐点が高くなり、外れのデザインのダメージが受けやすくなる一方で、一品モノ販売のため売上高の伸びは期待できず、赤字になるリスクが高くなっている。

❺
● これからのビジネスモデルのめざす姿
デザイン性と機能性を両立した家具メーカーとして確立したブランドを活かし、顧客の個々の要求を叶えるオーダーメイド家具メーカとして、「引合」と「開発」に価値源泉をおいたビジネスモデルをめざす。

## ツール8 内外環境分析シート（SWOT分析）

テーマ選定／設定

**効能**

自分たちを取り巻く環境を整理することによって
- 環境に即した自分たちの解決テーマが明確にできる
- 自分たちの強みを活かしたテーマを設定できる
- チャンスを活かしたテーマの選定ができる

　ビジネスに関する課題解決に取り組むとき、自分たちを取り巻く環境を認識しておかなければ、独りよがりで実効性のないめざす姿（目的）に向かう活動になりかねません。環境に即して競争力あるビジネステーマを設定し取り組むためには、自分たち内部の環境、取り巻く外部の環境を客観的に認識することが大切です。内外環境分析シートは、自社の強み、弱み、自社にとっての機会と脅威という視点で内部環境と外部環境を分類整理して、自分たちを取り巻く環境を認識するためのツールです。

### 手順

**❶ビジョンを明確にする**

　外部環境、内部環境の分析対象のビジネスのビジョンを明確にします。そのビジネスの3～5年後のありたい姿を描きます。今のビジネスより、さらに進化、成長している姿や競争力を高めている状態を明確にします。数値目標などを示すと、より具体的なありたい姿とそのレベルがイメージできます。

**❷強み、弱みを整理する**

　対象のビジネスに関する自社の強み、弱みを明確にします。

　まず、自社の強みを考えてみてください。対象のビジネスにおいて、他社に比べて自分たちの強いところを明確にしてください。イメージできない場合は、競合の弱いところを考えてみてください。それが自分た

ちの強みかもしれません。また、顧客より評価を受けている点なども考えてみましょう。売り上げが高いとか、製品が売れているとか、性能が良いなどという結果としての良さではなく、良い結果を生み出す力の強さを明確にしてください。

次に、自社の弱みを考えてみてください。対象のビジネスにおいて、他社と比べて自分たちの弱いところを明確にしてください。競合の強いところを考えてみてください。それが自分たちの弱みかもしれません。顧客からのクレームや要望なども考えてみましょう。自分たちがまだまだできていないこと、足りないことを明確にしましょう。

### ❸ 機会と脅威を整理する

対象ビジネスにおいて、機会となること、脅威となることを明確にします。

まず、脅威を考えてみてください。自社を取り巻く環境の中で、対象のビジネスにおいて脅威となることを明確にしてください。自社だけでなく、競合にとっても同様に脅威となることです。自社の弱みと混同し

#### 内外環境分析シート

| | | ❸ 脅威 | 機会 |
|---|---|---|---|
| **ビジョン ❶**<br>携帯電話、携帯端末技術をベースとして、マルチデバイス化とM2M化に向けたマルチ通信端末とチップセットビジネスの国内シェアNO.1を実現 | | **自社・競合ともに受ける脅威**<br>・OSベースの海外技術標準のデファクトスタンダード化による独自サービスの衰退<br>・データ伝送量の急激な増加による通信トラブルの頻発 | **自社・競合ともに得る機会**<br>・Wi-Fiサービスの進展・拡大と固定+移動の融合<br>・マルチデバイス化の拡大とM2M化の進展 |
| ❷<br>強み | **自社の強み<>競合の弱み**<br>・高密度集積技術による機器の小型化の高い設計開発力<br>・Wi-Fi通信とG4通信モジュールとチップセットの高い開発力 | **他社を引き離すチャンス**<br>マルチ通信モジュール搭載製品の開発による通信トラブルに強いブランドの形成 | **飛躍のチャンス**<br>超小型マルチ通信チップセットによる携帯端末以外のM2Mデバイス市場への進出 |
| 弱み | **自社の弱み<>競合の強み**<br>・独自規格で開発したアプリが多く、海外技術標準に使えない<br>・スマホ用アプリ開発は外部委託が中心で社内にノウハウが蓄積されていない | **ビジネス喪失の危機** ❹<br>貧弱かつ業界標準に乗り遅れたアプリによるスマホ、携帯端末市場でのビジネス喪失 | **他社に引き離されるリスク**<br>通信と管理アプリの整合性の脆弱性からのM2Mデバイス市場での伸び悩み |

Part 3 問題解決ツール 37

ないようにしましょう。脅威は、今のままでは、環境の変化がマイナスの影響を与えるものです。顧客や市場においてもマイナス影響となるものです。

　次に、機会を考えてみてください。自社を取り巻く環境の中で、対象のビジネスにおいて機会となることです。自社だけでなく、競合にとっても同様に機会となることです。自社の強みと混同しないようにしましょう。機会は、環境変化を活かす取り組みをすることによって、プラスの影響を与えるものです。顧客や市場においてもプラス影響となるものです。

　同じ環境変化が、機会と脅威の両方となる場合があります。そのような環境変化については、どのような条件で機会または脅威となるのか明確にします。

### ❹ 交点を分析する

　これまで整理してきた、強み、弱み、機会と脅威の各交点での状態を分析します。脅威に対して、自社の強みが作用したとき、他社を引き離すチャンスがあるかもしれません。弱みが作用したときは、ビジネスを失うリスクがあるかもしれません。機会に対して、自社の強みが作用したときは、飛躍のチャンスがあるかもしれません。逆に弱みが作用したときは、他社に引き離されるリスクがあるかもしれません。強み、弱みの因子と機会、脅威の因子がそれぞれ絡み合ったとき、どのような問題があるのか、または明るい展望があるのかを考えてみましょう。

> **❗ 使いこなすポイント**
>
> 　ここまでの分析は仮説であり、机上での想定です。それぞれの仮説について、裏付け調査と評価を行いましょう。仮説と矛盾があったり、想定外の事項があったときは、仮説の追加修正や、追加の調査評価を行い、事実に基づいた環境分析となるようにしましょう。

## ツール 9 ビジネステーマのフレームワーク検討シート（アンゾフの成長マトリックス）

テーマ選定／設定

**効能**

製品×市場で整理することによって
- 自分たちの成長の方向性を明確にできる
- 「既存」と「新」の比較からテーマが明確にできる
- 製品（サービス）と市場の組み合わせによるテーマが見える

　ビジネスをテーマとする課題解決では、ビジネスの方向性を明確にしなければ、迷子になってしまいます。ビジネスの方向性を明確にするとは、自分たちの製品（サービス）、ターゲットとする市場をどのようにしていくかを考えて決めることです。ビジネステーマのフレームワーク検討シートは、**市場を既存市場と新市場に、製品を既存製品と新製品に分けて、課題解決テーマのフレームワークを検討するもの**です。それぞれからなる4つの象限においてめざす姿の方向性を明確にします。

### 手順
**❶対象とするビジネスを明確にする**
**❷市場を定義する**

　自社の製品・サービスの現在の市場と今後、新たに広がる市場を定義します。既存市場は、現在、自社としてビジネスを展開している市場です。どのようなニーズや期待、価値を顧客に提供しているかイメージしましょう。新市場は、今後、広がっていく市場、または、転換していく市場です。どのようなニーズや期待、価値を顧客が期待しているかイメージしましょう。

**❸製品を定義する**

　自社および競合他社の既存製品と今後、新たに投入されてくると予想される新製品を定義します。

既存製品は、現在、自社としてビジネスを展開している製品・サービスです。どのような機能や技術を持っている製品なのかイメージします。
　新製品は、今後、新たに現れてくる製品・サービスです。どのような機能や技術を持った製品が出現するのかイメージしましょう。

### ❹市場浸透戦略を検討する

　定義した既存市場と既存製品の領域では、市場浸透戦略を考えます。既存製品を既存市場の中でさらに売っていく戦略です。市場がまだまだ成長段階にあり、既存製品に競争力がある場合の戦略です。あえてリスクのある新市場や新製品に手を出さずに、現在の市場への浸透を図る安定志向の戦略です。どのような方策で市場へ浸透を図るのか考えてみましょう。

### ❺新市場拡大戦略を検討する

　既存製品を新市場に展開するための「新市場拡大戦略」を考えます。既存製品の売れる新市場を求めて展開する戦略です。市場全体が大きく、自社がその一部だけでビジネスを行っている場合に考える戦略です。どのような方策で新市場へ展開するのか考えてみましょう。

### ❻新製品開発戦略を検討する

　既存市場に、新たに新製品を開発して投入する「新製品開発戦略」を考えます。既存製品が陳腐化したり、競争力がない場合に、競争力ある新製品を開発して、市場占有率を高めようとする戦略です。既存市場が、まだまだ成長段階にあり、事業規模の拡大が望めるような場合に考える戦略です。どのような新製品を開発するのか考えてみましょう。

### ❼多角化戦略を検討する

　新市場に、新製品を開発して打って出る「多角化戦略」を考えます。多角化戦略には、既存市場の経験を活かして展開する「市場関連型多角化戦略」と、現在の製品や技術の知識・経験を活かして展開する「技術関連型多角化戦略」があります。いずれも、現在、持っている知識やノウハウを活かして新市場や新製品の開発を行う戦略です。既存市場、既存製品の枠組みを超えて、さらに拡大または、移行したい時に考える戦略です。どのような市場に、どのような新製品を投入していくのか考え

てみましょう。

### ❽選択をする

　以上の中から、自社のビジネステーマとする戦略方針を選択し、課題解決に向けたビジネステーマのめざす姿づくりを行います。

> **！使いこなすポイント**
>
> 　戦略というと大きな話に感じますが、ビジネスをテーマとした課題解決は、経営戦略との関係性が深いものとなることが多いものです。経営という視点で、どのよう戦っていくのか、そのとき、何を実現すればいいのかと考えていくことが、魅力的で効果のある課題解決テーマの設定につながります。

**ビジネステーマのフレームワーク検討シート**

| ❶ 携帯電話、携帯端末の製品×市場マトリックス | | 既存製品 ❸ 音声、テキスト、画像データの交換 情報伝達機能を中心とした製品 | 新規製品 位置、加速度、画像センサーをもつ 現在の状態や周辺の情報を収集できる製品 |
|---|---|---|---|
| ❷ 新市場 | 生活支援サービス 売買決済、資産運用、健康管理など生活支援サービスに関する市場 | 新市場拡大戦略 ❺ 携帯電話・端末によるモバイル決済、金融取引チケットレスサービス | 多角化戦略 ❼ 携帯端末による健康管理・増進サービス医療診察サービス動作検出型教育訓練サービス |
| 既存市場 | 情報伝達サービス 情報の取得、発信、交換サービスに関する市場 | 市場浸透戦略 ❹ 携帯電話による音声電話、メール交換楽曲取得、画像交換ゲーム | 新製品開発戦略 ❻ 携帯端末によるナビゲーションサービス街角広告サービス動作検出型ゲーム |

# ツール10 プロセス・パフォーマンスチャート

問題把握／課題設定

**効 能**

結果をつくる仕事のプロセスとパフォーマンスを見える化することによって

- 結果がどのようなロジックでつくられているか理解することができる
- 結果に対するプロセスの関係性や影響の大きさがわかる
- ネックとなるプロセス、阻害しているプロセスがわかる

　問題点の多くは、仕事のプロセスと密接に関わっています。プロセスの構造やパフォーマンス、連携のまずさが問題を引き起こすことが少なくありません。問題をとらえるためには、その仕事のプロセスの状態を把握することが有効です。プロセス・パフォーマンスチャートは、**仕事のプロセスの状態を見える化し、問題を認識し、理解するための手助けをしてくれるツール**です。

**手 順**

**❶仕事の結果と問題を明確にする**

　仕事の一連のプロセスが生み出す結果と、問題だと思っているものを右端に明記します。

**❷結果をつくる一連の基本プロセスを明らかにする**

　結果から遡って、結果をつくるプロセスを順に書き出して矢印でつなげていきます。結果に対して、基本となるプロセスを出します。基本プロセスとは、結果に対して最も影響の大きいプロセスです。

　最初にざっと書き出して全体を見渡し、書き出すプロセスの大きさを揃え、つながりの整合性を見直していきます。パフォーマンスデータを集めてみるとプロセスの大きさや順番のおかしいところが出てきますので、正確さは追求せず、後から見直すつもりで作成しましょう。

❸ **その他のプロセスを明らかにする**

　基本プロセスとは違う結果をつくる一連のプロセスを書き出します。基本プロセスと関連するところを矢印でつなげます。

❹ **プロセスからのアウトプットのパフォーマンスを調べる**

　各プロセスからのアウトプットのパフォーマンスを調べます。パフォーマンスは、そのプロセスで処理された件数、次にアウトプット、インプットされた件数です。プロセスからただアウトプットされただけで次のプロセスにインプットできなかったものは、アウトプットされた件数としてはカウントしません。インプットされて次のプロセスに役立ったもの、使われたものだけがアウトプットと見なします。アウトプット件数／処理件数からアウトプット割合を算出し、パーセントで記入します。

　パフォーマンスのデータを調べることができないプロセスがある場合は、前後のプロセスと合体させて、データを得られる単位にまとめます。

❺ **データから新たなつながりを明らかにする**

　プロセスからのアウトプットを調べていると、フローチャート上、つ

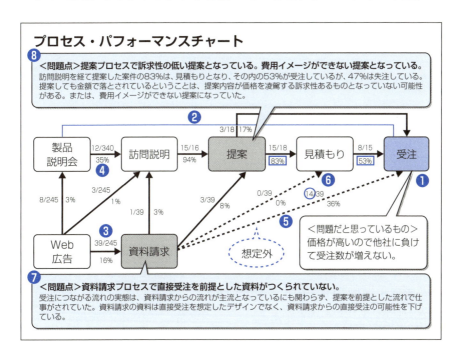

ながりをもたせていなかったプロセス間に想定外のアウトプット／インプットがある場合があります。その場合は、新たなつながりとして矢印（点線）を引きます。

**❻アウトプット件数の大小の比較をする**

1つのプロセスから2つ以上のアウトプットがある箇所の件数を比較します。件数の大きい方の数字を赤丸で囲みます。数字が大きい方が、結果をつくることに大きく貢献しているプロセスとなります。

**❼件数の大小から問題点を考える**

数字の大きい件数のプロセスが基本プロセスか否かによって、問題点を考えます。基本プロセスではなかった場合、自分たちが結果をつくる上で重要と考えていたものとは違うプロセスが影響の大きいことがわかります。自分たちの仕事の管理方法が実態とずれていることが問題です。その問題の内容を整理してまとめて書き出します。これが本当の問題点となります。

**❽一連のプロセスのパーセントから問題点を考える**

一連のプロセスのパーセントの中で、他より値が小さいプロセスは、一連のプロセスにおいてネックとなっているプロセスです。どのようにネックとなっているか整理してまとめて書き出します。

> **! 使いこなすポイント**
>
> プロセス・パフォーマンスチャート全体を俯瞰して、最終のアウトプットを生み出すことに最も影響のある流れとプロセスをとらえることがポイントです。慣習や経験から主流のプロセスを決めつけて、主流のプロセスの問題を明らかにすることばかりにとらわれていると本当の問題点を見落とす場合があります。また、プロセスパフォーマンスの数値は、全体の数値、個々のプロセスの数値の合計の差異を気をつけて見ていくと、見落としている流れやプロセスの存在に気づくことができます。

# ツール11 影響度評価シュミレーション・プラン

問題把握／課題設定

**効能**

影響度評価シュミレーションを行うことによって

- 洗い出した問題の信憑性を高めることができる
- 問題点の精度が高まり、成功確率の高い問題解決ができる
- 結果をつくる力の高いプロセスをつくることができる

　問題は往々にして、間違った情報や観察者の主観を交えて報告されたり、一部または一時の情報で、あたかも全体または常時そのような問題の状況にあるように見せられます。影響度評価シュミレーション・プランは、問題が本当に経営上または業務遂行上、見過ごすことのできないほどの影響を与えるものか評価するための計画立案のツールです。

### 手順

**❶問題点を記載する**

**❷シミュレーションのねらいを定義する**

　影響度評価をする問題点のシミュレーションのねらいを定義します。ねらいは、測定・評価するものを明確にします。仕事における条件がどのようなときに、問題点につながる現象がどう表れるか仮説を定義し、これを検証することがねらいとなります。問題点が定義できない場合は、もとの問題点にあいまいさがあるので、問題点をもっと具体化します。

**❸シミュレーション方法を考える**

　シミュレーションのねらいを満たすシミュレーション方法を考えます。シミュレーション方法は、失敗のダメージが最小となるようにします。シミュレーションにおける条件は、最低限、良い場合、悪い場合の2つの局面で考えます。できれば、中間の場合を含めた3つの局面で考えるのが理想的です。シミュレーション方法には次のようなものがあります。

- 実業務における試行
- エクセルなどを使った計算シミュレーション
- 模型などを使ったシミュレーション
- 状態を想定した演技（ロールプレイ）
- 範囲や条件を限定した実験またはモニタリング

> **! 使いこなすポイント**
>
> 　影響度評価シミュレーションは、問題を再現して、影響度を見るものですが、問題解決が目的のため、悪い状況の再現に意識がいきがちになります。悪いことを証明するためには、良いことの証明も必要です。問題ない状態が明確であることで問題が何であるかが明確になるのです。シミュレーション・プランの作成では、良い状況と悪い状況の両方を評価する計画を立てるようにしましょう。

### 影響度評価シュミレーション・プラン

**❶ 問題1**
- 提案プロセスで訴求性の低い提案となっている。費用イメージができない提案となっている。

| | ❷ ねらい | ❸ 方法 |
|---|---|---|
| 1 | 訴求性ある提案であれば、見積もり後の失注率は下がるか検証 | 提案書の訴求点の重きの置き方を3パターン変えた提案書を作成して、既存顧客に協力いただき、アンケート評価してもらう。評価の高かったパターンの提案書を試行的に使い失注率を測定する。 |
| 2 | 費用イメージを明確にした提案であれば、見積もりを経ず、直接受注となる割合が増えるか検証 | 費用算定のできる資料、投資対効果のイメージできる資料を2パターン作成し、試行的に提案書に添付して、資料の有無、パターンの違いで直接受注となる割合を測定する。 |

**問題2**
- 資料請求プロセスで直接受注を前提とした資料がつくられていない。

| | ねらい | 方法 |
|---|---|---|
| 1 | 導入手順、準備事項のイメージできる資料にすれば、直接受注となる割合が増えるか検証 | 導入手順、準備事項のイメージできる資料を2パターン作成し、試行的に添付して、資料の有無、パターンの違いで直接受注となる割合を測定する。 |
| 2 | 費用イメージを明確にした資料であれば、直接受注となる割合が増えるか検証 | 費用算定のできる資料、投資対効果のイメージできる資料を2パターン作成し、試行的に添付して、資料の有無、パターンの違いで直接受注となる割合を測定する。 |

# ツール12 問題事象整理シート

問題の把握／課題設定

**効能**

問題の発生を事実としてとらえることによって
- 「あいまいな情報や想像」による誇張・複雑をなくせる。
- 解決すべき問題が具体化される。
- 数値によって問題の大きさを客観的にとらえることができる

　問題点は、あいまいな情報で伝えられることも少なくありません。正確でない情報に基づいた問題は、何が問題なのか、どの程度問題なのかわかりません。つまり、問題の正体も影響の大きさもわからなければ、何を解決すればいいのかわからないのです。問題事象整理シートは、解決すべき問題を的確にとらえるためのツールです。

**手順**

❶ **問題を数値と事象で分けて考える**
❷ **問題を数値で表す指標を考える**
　問題を数値で表すためには、指標が必要となります。この指標によって問題をより具体的なものとしてとらえることができるようになります。
　指標には、「数量」「割合」などがあります。
❸ **問題の背景や理由を考える**
　問題が発生する背景や理由を考えて問題を具体化します。背景や理由は、「異常」「不精」の視点で考えてみましょう。「異常」とは正常ではない状態のことで、「不精」とはやれない、やらない状態を言います。
❹ **具体化された問題点の実際の数値を調べる**
　具体化された問題の実績などの数値データを収集します。数値の程度、良し悪しを計るために、比較データも収集します。従来の方法での数値などが比較しやすいものとなります。

## ❺ 数値から問題を特定する

具体化された問題の数値を比較評価し、ビジネスや仕事において、悪影響を及ぼしているものを選びます。事例では、強く影響しているものを「○」、ある程度影響しているものを「△」にしています。

## ❻ 特定した具体的問題から全容を明確にする

悪影響があるとした具体的問題を組み合わせて、問題の全容をとらえられるように問題の説明文を作成します。

> **! 使いこなすポイント**
>
> 問題をとらえるポイントは、数値と事象の2つの面で問題を見るということです。数値だけだと、問題の影響の大きさはわかりますが、問題の正体はあいまいなままです。問題が起きる背景や環境を事象として見ることで、問題の正体をとらえることができます。

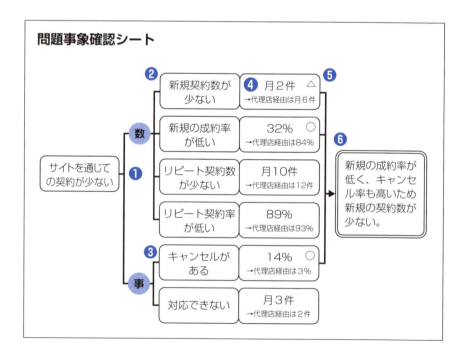

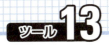

# プロセス×問題行動マトリックスシート

問題把握／課題設定

**効能**

プロセスにおける問題行動を明らかにすることによって

- 問題の範囲や対象を絞ることができる
- 自分たちで解決できる行動上の問題を明らかにできる
- 問題を絞り込むことで、原因究明と対策が容易となる

問題が大きかったり、複雑であったりする場合、何から手をつければいいかわからず時間ばかりかかって困ることがあります。プロセス×問題行動マトリックスシートは、プロセスと行動から問題の範囲と対象を絞り込むためのツールです。

## 手順

**❶プロセス・手順の整理**

その問題は、何の仕事からのアウトプットによる影響なのかを考え、その仕事のプロセスと手順をリストアップします。

**❷問題行動の洗い出し**

次にプロセス・手順ごとに問題の影響へとつながる問題行動を洗い出します。仕事のプロセスや手順のうち、どんな行動が問題を引き起こすかを考えます。その仕事の担当者とともに洗い出すと、確度は高まります。

**❸関連性評価**

プロセス・手順と問題行動の関連性の強さを評価します。問題行動の確認で得た情報などをもとに、どのプロセス・手順での問題行動が影響として現れているのか、その強さを評価します。

**❹評価点の計算**

関連性の評価を数値化し、問題行動とプロセス、それぞれの合計点数を算出します。合計点数が高い問題行動が解決対象の候補となります。

### ❺ 解決対象の問題行動の選定

関連性評価の合計点が高い問題行動において、最上流のプロセスでの問題行動が解決対象となります。問題行動が複数のプロセスに渡っている場合、最上流プロセスで解決すると下流プロセスには影響しなくなり、場合によっては改善が不要となる場合があるので、最上流プロセスを優先的に改善すると効率的です。

> **❗ 使いこなすポイント**
>
> より多くのケースの問題行動を洗い出すようにしましょう。その仕事の当事者からの聞き込み、異常視点での仕事の観察などによって、様々なケースを想定して洗い出してみてください。

## プロセス×問題行動マトリックスシート

新規の成約率が低く、キャンセル率も高いため新規の契約数が少ない。

◎（3点）：強い関連あり　○（2点）：関連あり　△（1点）：若干の関連あり

| ❷ 問題行動（仮定） \ マーケティング❶ プロセス | サイト公開 ❸ | Web広告 | 資料送付 | 訪社アポ | 訪社営業 | 見積り | 評価 |
|---|---|---|---|---|---|---|---|
| 顧客に情報が届けられない | ◎(3) | △(1) | | | | | 4 |
| 潜在顧客を引き寄せられない | ◎(3) | ◎(3) | ◎(3) | ○(2) | | | 11 |
| 見込み顧客を識別できない | ○(2) | ◎(3) | △(1) | ◎(3) | ○(2) | | 11 |
| タイミングを逸する（遅れる） | | | ○(2) | ◎(3) | | ○(2) | 7 |
| 相手に伝わる説明ができない | ◎(3) | | ◎(3) | ○(2) | ◎(3) | △(1) | 12 |
| 見積もりが合わない | | | | | ◎(3) | ○(2) | 5 |
| 評価 | ❹11 | 9 | 9 | 9 | 8 | 6 | |

❺ 潜在顧客を引き寄せるサイトをつくれていない

## ツール 14 問題行動の事実・相関確認シート

### 効能

問題行動の発生の事実と相関の確認をすることによって
- 起きていない/影響していない問題に対して工数を費やすムダがなくなる
- 発生の事実、影響との相関の強さから優先度の高い問題を特定できる
- 原因究明、改善段階でもその有効性の評価がしやすくなる

問題行動を明らかにすることで、問題の範囲・対象を絞り込んだ効率的で的確な問題解決ができます。しかし、机上で洗い出された問題行動は、本当に発生の事実があるのか、そして問題としての影響があるか確証がありません。問題行動の事実・相関確認シートは、**問題行動の発生の事実と影響の相関を確認するためのツール**です。

### 手順

**❶問題を事実と相関に分ける**

問題は事実と相関（結果・影響との関係の強さ）に分けて確認します。

**❷問題行動の発生事実の確認項目を考える**

問題行動が、実際に、その仕事の現場で起きているのか確認する項目を検討します。確認項目は、「本当に発生しているか」「どのくらい（量）発生しているのか」「どのくらいの割合（確率）で発生しているのか」という視点で整理します。

**❸問題行動の結果および影響への相関評価項目を考える**

問題行動が最終的な結果や影響としての問題とどの程度、相関（結果・影響との関係の強さ）しているか評価する項目を検討します。

**❹確認方法および相関の評価方法の検討**

それぞれの確認項目、相関評価項目について、確認する方法を検討し

ます。

　当事者へのインタビューやアンケート、仕事内容の観察、問題行動の再現テスト、作業データの分析などによって、可能な限り実際の発生状況を客観的に確認でき、裏付けがとれる方法を考えます。

### ❺確認項目・相関評価項目の実際の数値を調べる

　確認項目・相関評価項目について、検討した方法で実績などの数値データを収集します。

### ❻数値を分析して発生の事実・相関について確認・評価する

　収集した数値を読み取り、実際にどのような問題行動が、どの程度、どのくらいの割合で起きているのか、また、結果や影響との関わりは強いのかを確認し、評価します。

### ❼問題行動の発生事実・相関を具体的にまとめる

　発生または相関があるとした事柄を組み合わせて、問題行動の事実とその強さ（相関）をとらえられるように問題行動の説明文を作成します。

> **❗ 使いこなすポイント**
>
> 　問題行動の結果および影響への相関評価項目は、問題解決への取り組み時だけでなく、対象となる仕事の日常管理の管理指標としても使い、問題解決されたことを維持できるようにしましょう。そのためには、日常的に容易に測定できる指標と測定方法を考えるとよいでしょう。

## 問題行動の事実・相関確認シート

```
                    ❷                ❹  代理店経由で注文した顧客にサイト    惹かれる＝21%  ❺
                本当に引き寄せら         を見ていただいてアンケート評価       惹かれない＝79%
                れないのか
                                     サイト経由で注文した顧客にサイト    惹かれる＝67%
         事実                         を見ていただいてアンケート評価       惹かれない＝33%

                どのくらい引き寄       サイト訪問者のサイト平均          平均32秒
    ❶          せられないのか         閲覧時間                        8行ほど読んで離脱
潜在顧客を引き
寄せるサイトを
つくれていない   引き寄せられる顧客     興味をもってサイトを見る人の      複数ページ閲覧者
                の割合は低いのか       割合（複数ページ閲覧者の割合）     3.6%

                    ❸
                                     サイト経由で注文した顧客に何が    サイト：13%
         相関   引き寄せられないこ     注文の決め手かアンケート調査      パンフ：54%
                とが影響あるのか                                    説明：33%
```

❻・❼
広く顧客を引き寄せるサイトとはなっていない。しかし、サイト経由で注文した顧客は、他の顧客よりサイトに惹かれる割合が高いことから、特定の顧客を十分に引き寄せることのできるサイトにはなっている。
サイトは注文の決め手にはなっていないが、代理店経由の注文者の79%がサイトに惹かれておらず、この人たちと同じ潜在顧客を取りこぼしている可能性はある。

## ツール15 めざす姿と現状の シナリオ別比較整理シート

問題把握／課題設定

**効能**

めざす姿と現状を対比することによって
- めざす姿を実現するための課題が明確にできる
- 自分たちの力量を無視した理想論的課題となることを防ぐことができる
- シナリオごとのステップバイステップでの課題を明らかにできる

　課題解決にあたって、めざす姿を実現するためにすべきことは何かと、まず対策案を考えてしまうことがよくあります。対策先行型の課題解決です。対策先行型では、現状の自分たちの力量や環境などを無視した「やらねばならない」という対策が立案される傾向にあります。本来、課題とはめざす姿と現状とのギャップを指します。その大きさから実現性の可否を評価し、めざす姿を見直して、現実的な課題解決をしなければなりません。課題は、めざす姿と現状の両方を対比させて考えることが大切です。シナリオ別比較整理シートは、**めざす姿と現状を比較するためのツール**です。

### 手順

**❶めざす姿のシナリオ項目を設定する**

　めざす姿の実現に向けてのシナリオ項目を取り組む順に並べていきます。シナリオマップなどを使って洗い出すとよいでしょう。

**❷シナリオ項目ごとのめざす姿を設定する**

　シナリオ項目ごとのめざす姿を検討し、設定します。そのシナリオ項目の段階では、どのようになっていたいか考えます。めざす姿の定義シートなどを使うとよいでしょう。

**❸シナリオ項目のめざす姿に対比させた現状の姿を明確にする**

　シナリオ項目のめざす姿に対比させて、現状の姿を明らかにします。

対比とは、めざす姿から現状を見て比較評価するということです。めざす姿の中に定義されている「○○ができている」「○○となっている」という状態が、現状はどのような状態となっているか調べて明らかにします。できているのか、できていないのか、できていないならどのくらいできていないのかを明らかにします。

> **! 使いこなすポイント**
>
> あくまでもめざす姿から現状を見るという対比のさせ方をすることが重要です。めざす姿から見ることで、めざす姿の実現に必要最低限の課題だけを洗い出すことかできます。現状から見てしまうと、現状抱えている問題などが出てきてしまいます。現状の問題の中には、めざす姿の実現には関係がないものも含まれていて、これが課題解決を混乱させる原因となります。

### めざす姿と現状のシナリオ別比較整理シート

**めざす姿**
- 機能別リーン開発モデルの開発力を身につけて、新製品の開発スピードを高め、顧客の新製品立ち上げスピードアップをサポートするとともに開発生産性を高める

| | シナリオ項目 | ❷ めざす姿 | ❸ 現状の姿 |
|---|---|---|---|
| ❶ 1 | リーン開発力の育成 | 自社にあったリーン開発モデルを設計し導入できる人材がいる。 | プロセス順型開発の教育と経験ある人材しかいない。開発モデルの設計・導入の知識・経験のある人材も皆無。 |
| 2 | リーン開発モデルの構築 | プロセス順型開発から、機能別のリーン開発型へ転換した開発モデルが構築されている。 | 社内の開発体制・手順・方法及びツールがすべてプロセス順型開発を基礎としてできている。 |
| 3 | 新製品立ち上げスピードの向上 | 開発上流での製品品質の完成度を高めて開発リードタイムを短縮し、顧客の新製品立ち上げスピードアップに貢献している。 | 開発内容の高度化により作業量が増加する一方で開発プロセスを改善する力が無いため、人員投入で短納期開発に対応している。開発後半で問題が多発し、その処置に時間がかかり、開発が慢性的に遅れている。 |
| 4 | 開発生産性の向上 | 上流での製品の完成度が向上でき、開発ロスを減らして開発生産性が向上している。 | 短納期開発対応のための人員投入、開発後半での問題多発によって、開発コストは高くなり開発生産性は下がる一方。 |

# シナリオ項目別課題整理シート

問題の把握/課題設定

**効能**

4MI視点で課題を明らかにすることによって
- 課題の洗い出しに抜けや偏りがなくなる
- 主観に左右されず客観性ある課題を洗い出すことができる
- 4MIに絞ることで課題の具体性が高まる

　課題の洗い出しで気をつけなければならないのは、課題の網羅性、客観性、具体性です。網羅性は、抜けや偏りなく必要な課題をすべて洗い出すことです。客観性は、主観や思いに左右されず、冷静かつ合理的に課題を洗い出すことです。具体性は、対象や障壁が明確で解決に向けてすべきことのイメージが湧く課題を洗い出すことです。シナリオ項目別課題整理シートは、**4MI※の視点でめざす姿と現状を対比させて検討し、網羅性、客観性、具体性ある課題を洗い出すためのツール**です。

**手順**

**❶めざす姿と現状の姿を対比させる**

　めざす姿と現状の姿を並べて、対比できるようにします。

**❷4MIに分けてめざす姿と現状の姿の差異、心配点・リスクを洗い出す**

　4MIに分けて、それぞれの以下の視点でめざす姿と現状の姿を見比べて、視点における差異、心配点・リスクについて考えて洗い出します。

- 人（Man）：a.スキル・経験、b.意識・価値観
- 設備・システム（Machine）：a.能力・制約、b.特性・差異、c.単独・連結
- プロセス・手順・方法（Method）：a.制約、b.差異、c.単独・連結
- 製品・原材料・コンテンツ（Material）：a.限界・制限、b.特性・差異、c.干渉

※4MI：人（Man）、設備・システム（Machine）、プロセス・手順・方法（Method）、製品・原材料・コンテンツ（Material）、情報（Information）のこと。

・情報（Information）：a.精度・信頼、b.スピード・鮮度、c.干渉・安全

### ❸ 4MIごとの課題を検討する

洗い出された差異、心配点・リスクを元にめざす姿の実現のために解決しなければならない課題を検討します。差異を埋めるために必要なことは何なのか、心配点・リスクを軽減または排除するためにやらなければならないことは何かを検討します。

> **! 使いこなすポイント**
>
> ポイントは徹底して4MIに分けて考えることです。4MIに分けることで限られた環境や条件下での状態をイメージでき、課題を具体化でき、網羅性も客観性も担保されていますが、4MIに分けることを徹底しないとそれらメリットは失われてしまいます。

**シナリオ項目別課題整理シート**

リーン開発モデルの構築

**めざす姿**
- プロセス順型開発から、機能別のリーン開発型へ転換した開発モデルが構築されている。

**❶ 現状の姿**
- 社内の開発体制・手順・方法及びツールがすべてプロセス順開発を基礎としてできている。

| | 視点 | ❷ めざす姿と現状の差異 心配点・リスク | ❸ 課題 |
|---|---|---|---|
| 人 | a. スキル・経験<br>b. 意識・価値観 | ①リーン開発の知識・経験なし<br>②モデル開発の導入経験なし | 1. リーン開発型へ転換した開発モデルを設計・導入するための知識と経験の補完 |
| 設備 | a. 能力・制約<br>b. 特性・差異<br>c. 単独・連結 | ①開発システム・ツールがリーン開発用ではない<br>②市販のリーン開発用のシステム・ツールが少ない | 1. 現開発システム・ツールをベースにした自社オリジナルのリーン開発用システムとツールの整備 |
| 方法 | a. 制約<br>b. 差異<br>c. 単独・連結 | ①開発手順がプロセス順<br>②すべての手順・方法をモジュール別のリーン開発スタイルにするにはリスクが大きい | 1. プロセス順開発にリーン開発の優位点を盛り込んだハイブリッド型の開発手順・方法を整備してリーン開発を導入<br>2. その後完全リーン開発へ移行 |
| 製品 | a. 限界・制限<br>b. 特性・差異<br>c. 干渉 | ①自社の製品構造がモジュール別に開発するリーン開発に対応していない | 1. 製品の基本構造をモジュール構造として、リーン開発に対応できるものにする |
| 情報 | a. 精度・信頼<br>b. スピード・鮮度<br>c. 干渉・安全 | ①部品単位での技術基準しかなく、モジュール単位の技術基準とデータの蓄積がない | 1. 部品の技術基準の組合せによるモジュールでの技術基準の整備<br>2. モジュールの技術データの蓄積 |

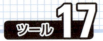

# 課題試行評価シート

**効能**

課題を試行することによって
- 課題の精度と確度を高めることができる
- 気づかなかった新たな課題を洗い出すことができる
- 実現する上での重要な課題を特定することができる

　机上で洗い出し課題は、自分たちの知識や経験の範疇で思いついたものがほとんどです。今までの知識や経験が及ばないめざす姿を実現するための課題解決では、自分たちの知識や経験の外にある課題を洗い出せるかが成否を分けます。課題試行評価シートは、**課題をやってみて経験して、課題の精度や確度を高めるとともに気づかなかった課題を洗い出すためのツール**です。

**手順**

❶ **4MI別の課題を設定する**

　人（Man）、設備・システム（Machine）、プロセス・手順・方法（Method）、製品・原材料・コンテンツ（Material）、情報（Information）の4MIに分けて課題を明らかにし、設定します。シナリオ項目別課題整理シート（180頁）を使うとよいでしょう。

❷ **課題の試行方法を立案する**

　課題について、それが解決した状態を再現する試行方法を検討します。試行には以下のような方法があります。
- ・課題解決の対策の実験または試作品の作成
- ・現状の成果物を使って課題解決策のシミュレーション
- ・課題解決ツールを作成して現状業務で使う
- ・課題解決の対策の部分的実施

❸**試行結果の評価と新たな課題を検討する**

試行した結果について以下の点について評価します。

・設定した課題は本当に存在するのか
・設定した課題はめざす姿の実現に寄与するものか
・設定した課題に間違った部分、不整合などはなかったか
・設定した課題は現実的に解決できるか

試行結果から、今まで気づかなかった新たな課題がないか分析します。

> **! 使いこなすポイント**
>
> 試行方法の検討では、ミニ実験やリサーチ的実験などをしながら検討するスタイルで行いましょう。机上で考えて、いきなり試行して失敗するとかけた手間や時間がムダになり、失敗による精神的ダメージも大きく課題解決への取り組みに支障を来たします。

## 課題試行評価シート

**リーン開発モデルの構築**

**めざす姿**
● プロセス順型開発から、機能別のリーン開発型へ転換した開発モデルが構築されている。

| | ❶ 課題 | ❷ 試行方法 | ❸ 試行結果と新たな課題 |
|---|---|---|---|
| 人 | 1. リーン開発型へ転換した開発モデルを設計・導入するための知識と経験の補完 | 外部専門家の指導を受けて自社開発モデルフローの作成を試行。 | フローが作れず。外部専門家の知識・経験は自社の製品と開発体制に合っていない。<br>→自社と同じ技術背景の製品へのリーン開発の導入経験のある外部専門家を探す。 |
| 設備 | 1. 現開発システム・ツールをベースにした自社オリジナルのリーン開発用システムとツールの整備 | 現行システムの帳票をエクセルで作成して、エクセル上でリーン開発用に修正して、使ってみる。 | システムテストツールがモジュール別でないため、できたツールは全く使えない。<br>→システムテスト基準から見直す必要がある。技術基準整備の中で最優先化して取り組む。 |
| 方法 | 1. プロセス順開発にリーン開発の優位点を盛り込んだハイブリッド型の開発手順・方法を整備してリーン開発を導入<br>2. その後完全リーン開発へ移行 | 開発モデルフローに基づいて現行のプロセス順開発の開発手順・方法を修正したガイドを作成。作成したガイドに基づいて開発をシミュレートしてみる。 | 現行のプロセス順開発の手順・方法においてリーン開発では不要となる部分がわからず、すべての手順・方法が残り、結局、今まで手順・方法が変わっておらず、リーン開発のメリットがない。<br>→プロセス順開発とリーン開発における手順・方法の要否を判断する基準づくりが先に要る。 |
| 製品 | 1. 製品の基本構造をモジュール構造として、リーン開発に対応できるものにする | 現行製品をモジュール構造で再設計してみる。 | モジュール構造化の設計は可能。<br>→特に対応不要 |
| 情報 | 1. 部品の技術基準の組合せによるモジュールでの技術基準の整備<br>2. モジュールの技術データの蓄積 | 製品のコア機能と最終検査に関する技術基準について、モジュール別での技術基準を作成してみる。 | 最終検査の技術基準は作成可能。コア機能に関する技術基準は、コアのモジュール単位での機能評価試験機がないため、実際には評価できない理論上の技術基準しか作成できない。<br>→新たに評価試験機の必要な技術基準項目の洗い出しが先に要る。 |

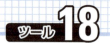

# ツール 18 会計指標評価による問題検討シート

問題把握／課題設定

**効能**

会計指標の視点から問題を洗い出すことによって
- 業績に直結した問題を洗い出すことができる
- 数値で裏付けられた問題が洗い出せる
- 全体を見渡した中で重要な問題が見える

　会計指標からは、収益性の問題、成長性の問題、生産性の問題を見つけることができます。収益性の問題は、利益を獲得する力の問題です。成長性の問題は、将来に向けて安定および拡大する力の問題です。生産性の問題は、製品やサービスを通じて価値を生み出し提供する効率の問題です。会計指標評価による問題検討シートは、これら3つの視点で経営や仕事について見てみることで、全体の中で最も重要な問題を数値の裏付けをもって見つけるためのツールです。

**手順**

❶**会計データの入手と指標データの記載**

　最初に自社の会計データを入手します。社内ルールに従って適正な方法で入手しましょう。入手した会計データから該当する会計指標のデータを計算して記載します。

　それぞれの会計指標の意味は以下の通りです。

a. 固定資産回転率：施設や設備などの固定資産がどのくらい価値を生み出し売り上げを上げているか評価する指標。

b. 棚卸し資産回転率：棚卸し資産である製品在庫によって、どのくらい売り上げが上がっているか測定する指標。

c. 損益分岐点：どのくらいの売り上げで利益が出るのか評価する指標です。少ない売り上げでも利益が出ることをめざします。

d. 売上高と限界利益率の伸び率：継続的に売上高・限界利益率が伸びているか評価する指標。
e. 付加価値労働生産性：従業員１人から生み出される付加価値の大きさを評価する指標。
f. 労働分配率：付加価値に占める人件費の割合を評価する指標。
g. 設備投資効率：設備１台から生み出される付加価値の大きさを評価する指標。
h. 労働装備率：従業員１人あたりの設備投資金額を評価する指標。

### ❷会計指標の値の評価をする

自社に該当する業界、近い業界の参考値と比較して、会計指標の値を評価します。参考値は、業界団体などで最新のデータが公開されていたりしますので、自社にあった参考値を入手しましょう。自社の値を参考値と比較して、優れているか、同じくらいか、注意して監視する必要があるか、対策が必要か評価してください。

### ❸問題をまとめる

指標の評価結果に基づいて、対策を要する問題の有無を判断し、必要であれば、どのような問題があり、どのように解決しなければならないかまとめます。

---

> **！ 使いこなすポイント**
>
> 単年度の値だけでなく、過去３年ぐらいの中での値の推移を見ていくと、慢性的な問題なのか、最近の環境変化の影響による問題なのかがわかります。業界参考値は、あくまでも参考値として見て、参考値より高かったり低かったりしたとき、なぜ、そのような差があるのか理由を考え、その理由を踏まえて問題か否か考えるようにしましょう。

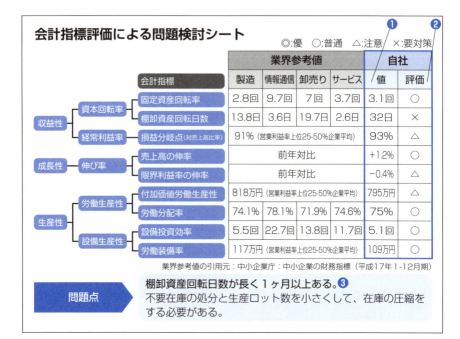

## データ収集チェックシート

問題把握／課題設定

**効能**

データ収集に特化したチェック方法にすることによって
- 目的とするデータを正確に取ることができる
- 日々の作業の中に隠れている実態が明らかになる
- 収集と分析が同時にできる

　データ収集チェックシートは、目的とするデータを正確に取るためにつくられたもので、日々の作業の中に隠れている実態を明確にするため、項目を設けて、データを記録するツールです。

　種類として、まず日常業務をチェックする記録用チェックシートがあります。

　正常／異常をチェックする管理用のためのチェックシートは、例えば、5Sチェックシートのように職場の5S状況を評価するために用います。

　結果を記録して観察する記録用のためのチェックシートは、例えば、加工不具合発生記録チェックシートのように毎日の不具合状況を記録するために用います。

　調査用チェックシートは、データ記入シートのようにデータを調査し、現状分析や原因究明するために用います。

**手順**

**❶データを取る目的を明確にする**

　例えば、「加工不具合の発生状況を把握する」のように何のためにチェックするのか、結果をどう活用するのかを明確にし、チェックシートの名称に表します。

**❷様式を決める**

　以下の観点から様式を決定します。例えば、加工不具合発生記録チェ

ックシートでは、横軸に日付、縦軸に不具合内容をとります。

・簡単にチェックできる

・整理しやすい

・ひとめで全体がわかる

❸ 5W1Hを明確にする

What：何を、どんな項目をチェックするのか

When：チェック期間、日時、タイミング

Where：どこで、どの職場をチェックするのか

Who：誰がチェックするのか

Why：（目的の明確化）

How：測定方法、記録する記号、数値単位などをどうするか

という点から抜け漏れを防ぎます。例えば、「不具合を」「1週間」「A職場で」「佐藤さんと山田さんが」「目視でチェックする」となります。

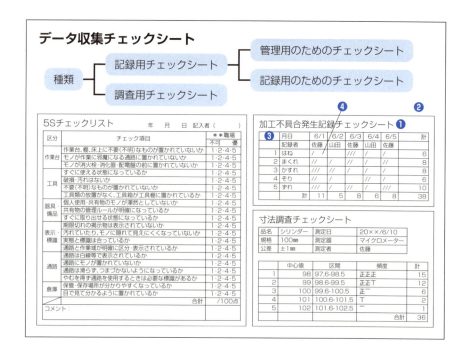

❹**データの記入方法を決める**

　丸を付けるのか、レ点を入れるのか、数値を記入するのか、目的とするデータは、短時間に簡単に収集するために適した記入方法を決めます。

　例えば、1回ごとに斜線を入れ、5回めは4つの斜線を左上から右下に横切る棒線を入れるというようにチェックして、5の倍数で集計できるようにする方法などがあります。

> ❗ **使いこなすポイント**
>
> 　チェックシートは欲張らないことがポイントです。日常の仕事の中に潜む様々な事象をデータとして収集するものがチェックシートです。チェックシートに記入するのが負担になると記入してもらえなくなり、結果としてデータは収集できなくなります。あれもこれも集めたいデータはあるはずですが、あまり欲張らず、本当に必要なデータだけに絞ることが成功の秘訣です。

## ツール20 目標設定シート

目標設定

**効能**

ステップごとの目標を設定することによって
- 目的達成に向けての手応えを得ることができる
- 目標達成に向けての進捗の管理ができる
- 取り組みの異常を検知し対処できる

　問題が解決し、目的が達成したか否かの判断の拠り所となるのが目標値です。目標の指標を測定し、目標値をクリアしたか評価することで目的を達成したことがわかります。しかし、目的達成を判断するための目標は、目的達成に至る途中段階の進捗や異常を判断することができません。立てた対策案を信じて暗闇の中を突き進むようなものです。途中段階の進捗や異常を検知し、目的達成に向けて正しく歩んでいることを管理することも必要です。

　目標設定シートは、**目的に向けたステップごとの目標を設定するためのシート**で、途中段階の進捗や異常を管理するためのツールです。

**手順**

**❶目的に対するステップを設定する**

　目的を達成に向けた問題解決のステップを設定します。階段を上るように、どのような段階を経て目的を達成するか考えます。問題解決のロードマップを使うといいでしょう。

**❷目的達成を測る指標と計算式を検討する**

　目的達成を測る指標は結果指標と言います。結果を表す指標という意味です。どのような指標と計算式で目的の達成度合いが測定できるか検討し、指標と計算式を決定します。

### ❸目的達成を判断する目標値を決める

　目的を達成したか否かを判断する結果指標の値（目標値）を決めます。目標値は、前提とする条件によって値が変わるので、併せて条件も定めます。どのような条件下で結果指標の値がいくつになったら目的が達せで達成できたと言えるか考えます。

### ❹結果指標の測定方法を決める

　結果指標を測定する方法を検討します。どのようなデータをどのような方法で測定したり、入手するのかを検討します。目的の達成度を最終判断するためのデータですから、精度を重視して測定方法を考えます。

### ❺ステップごとの指標と計算式を検討する

　ステップごとの達成度を測る指標を管理指標と言います。その名の通り管理するための指標です。管理指標のデータに基づいて取り組みの進捗や異常を検知して正しい取り組みとなるように管理するためものです。どのような指標と計算式で、その達成度合いが測定できるか検討し、指標と計算式を決定します。

**目標設定シート**

| シナリオステップ | 指標・計算式 | 目標値 | 測定方法 |
|---|---|---|---|
| **目的**<br>多品種混載・即納を外国人でも誤品出荷しない仕組みの設計力と立ち上げ力を身につけて誤品出荷を防止 | 誤品出荷数 ❷<br>＝誤品出荷数／1万件の出荷数 | 1件以下 ❸<br>（現状16件）<br>＜条件＞<br>外国人作業割合30％<br>3年以上ベテラン0人<br>多品種混載納品、即日納品 | 出荷作業日報と出荷システムの実績データより調査・測定 |
| **ステップ3** ❶<br>外国人を前提とした仕組みの確立 | 外国人ミス割合 ❺<br>＝外国人ミス率／日本人ミス率 | 1.2以下 ❻<br>（現状3.2）<br>＜条件＞<br>多品種混載納品、即日納品 | ❹<br>作業ミス報告書と作業日報より調査・測定<br>❼ |
| **ステップ2**<br>誤品出荷しない仕組みの確立 | 誤品出荷数<br>＝誤品出荷数／1万件の出荷数 | 1件以下<br>（現状16件）<br>＜条件＞<br>日本人作業割合100％<br>3年以上ベテラン0人<br>多品種混載納品、即日納品 | 出荷作業日報と出荷システムの実績データより調査・測定 |
| **ステップ1**<br>多品種混載・即納業務の設計 | 1積載の多品種数＝多品種数／積載<br>出荷リードタイム＝出荷日時－受注日時 | 品種30件以上<br>（現状10件）<br>リードタイム24h以下<br>（現状52h）<br>＜条件＞<br>日本人作業割合100％<br>3年以上ベテラン0人 | 出荷作業日報と出荷システムの実績データより調査・測定 |

Part 3　問題解決ツール 37

### ❻ステップごとの達成を判断する目標値を決める

　ステップが達成したか否かを判断する管理指標の値＝目標値を決めます。目標値は、前提とする条件によって値が変わるので、合わせて条件も定めます。どのような条件下で管理指標の値がいくつになったら目的が達成できたと言えるか考えます。

### ❼管理指標の測定方法を決める

　管理指標を測定する方法を検討します。どのようなデータをどのような方法で測定したり、入手するのかを検討します。管理が目的なので、データをスピーディかつ容易に得ることのできる方法を優先して考えます。

---

**❗ 使いこなすポイント**

　目標設定では、結果指標と管理指標を同じものにしてしまうことがよく見受けられます。確かに最終的な指標である結果指標がすべての取り組みの良し悪し判断するものですが、その結果を得るのは取り組みが完了してからとなります。途中段階を管理するためには、結果指標とは別の途中段階が見える指標で表された管理指標を設定しましょう。

　191頁の目標設定シートの「シナリオステップ」の「ステップ2」の指標は、「目的」の指標と同じ「誤品出荷数」となっていますが、これは日本人だけで作業した際の目標であって、「ステップ2」で達成すべき「誤品出荷しない仕組みの確立」を評価するものですから、途中段階の進捗を見る管理指標となります。

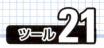

# 数値をイメージ化するグラフ

目標設定

**効能**

数値データをイメージで伝えることによって
- 大きさや変化、バランスが直感的に理解できる
- 違いやバラツキ、変動の度合いが正確に理解できる
- 難しさやリスクの重大性が正確に伝わる

　数値を見ていても、それがどのくらいのインパクトのあるものかイメージできません。相手に目標などの数値を示すときは、それがどのくらいの大きさなのか、変化なのか、違いがあるのかを正確に理解させることで、協力や賛同を得ることができ、問題解決の取り組みがしやすくなります。数値をイメージ化するグラフは、**数値の大きさ、割合の比較、時系列的変化、項目間のバランスをイメージできるようにし、正確に伝え、理解させるためのツール**です。

　種類として、**折れ線グラフ、棒グラフ、円グラフ、帯グラフ、レーダーチャート**の5つがあり、それぞれ与えるイメージの特性があります。それぞれの特性に合ったグラフを選択して、正しく伝えましょう。

　折れ線グラフは、時間的変化など数値の変化を見るもので、特に、横軸に時間をとったものは、時系列グラフ、管理グラフとも呼ばれます。

　棒グラフは、数量の大小を比較するもので、棒の長さの長短により数値の大小が比較できます。

　円グラフは、データの内訳・構成割合を見るもので、全体と項目、項目同士の割合が比較しやすくなります。帯グラフは、データの内訳と2つ並べることで比較できるものです。

　レーダーチャートは、項目別の評価を比較するもので、季節性、全体の偏り、平均と各項目の関係などを示したい場合などに用います。

**折れ線グラフの作成手順**

**❶項目を決め、データを取る**

データを表にまとめます。例えば、1月から6月までの売り上げと利益をデータ表にします。

**❷縦軸を作成する**

縦軸にデータの指標を入れます。最小値～最大値までが入るように目盛り線を等間隔で入れます。基点は0にしなくても構いません。縦軸の説明と単位を入れます。

**❸横軸を作成する**

横軸に項目を記入します。必要に応じて目盛り線を等間隔で入れ、横軸の説明と単位を入れます。

**❹データを打点し、線で結ぶ**

縦軸・横軸の交点に打点し、線で結びます。線の角度が45度以下の場合、緩やかな変化を相手に感じさせ、45度より大きい角度の場合は、変化が激しい印象を与えます。縦軸と横軸の長さを調整して、読み手に適切な印象を与える角度となるように調整しましょう。複数のデータを記入する場合は、点や線の種類・色を変えます。

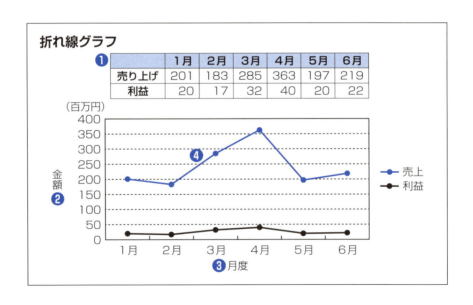

**棒グラフの作成手順**

**❶項目を決め、データを取る**

データを表にまとめます。例えば、1月から6月までの売り上げと利益をデータ表にします。

**❷縦軸を作成する**

縦軸に特性値を入れます。基点を0にし、途中も省略しないようにします。基点を0にしない場合や途中を省略した場合は、実際のデータ以上にデータ間の差が大きいと思わせてしまい、間違った理解をさせる恐れがあります。最大値までが入るように目盛り線を等間隔で入れます。縦軸の説明と単位を入れます。

**❸横軸を作成する**

横軸に項目を記入します。目盛り線を等間隔で入れ、横軸の説明と単位を入れます。

**❹データを棒の長さで表す**

縦軸の目盛に合わせてデータを棒の長さで図示します。棒の幅は、狭いと貧弱となり、データが不安定であったり、心許ない安心感のない印象を与えます。幅が広すぎるとデータの値が小さい印象を与えます。読

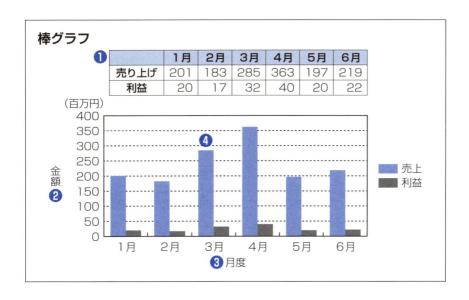

み手に適切な印象を与える幅に調整しましょう。複数のデータを記入する場合は色を変えます。

### 円グラフ／帯グラフの作成手順
**❶項目を決め、データを取る**
データを表にまとめます。例えば、1月から6月までの売り上げと割合をデータ表にします。
**❷データを集計する**
データを大きい順に並び替え、割合を計算します。
**❸円グラフ／帯グラフを選択する**
単純に割合を見る場合は円グラフにします。割合の変化を見たり、比較をしたい場合は帯グラフにします。
**❹データをグラフにする**
項目は比率の大きい順に、その他の項目は、比率が大きくても最後に書きます。項目名と比率を入れます。帯グラフは同じ項目を補助線で結びます。

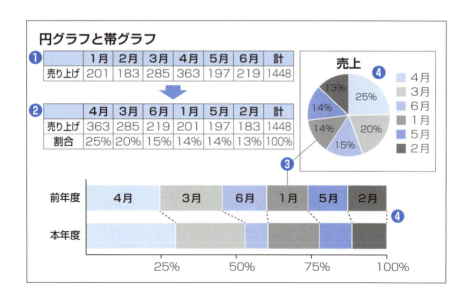

**レーダーチャートの作成手順**

**❶項目を決め、データを取る**

データを表にまとめます。例えば、AからCの店舗診断を、清潔感、接客態度、味、価格、外観・内装の視点から5点満点で評価します。

**❷枠を作成する**

項目数に応じて、五角形・六角形などの形をつくります。項目による分割は均等にします。

**❸項目／尺度／区分を入れる**

項目は真上から右回りに記入し、目盛り尺度も記入します。データ区分を線の種類・色などで記入します。

**❹データをグラフにする**

データを打点し、線で結びます。

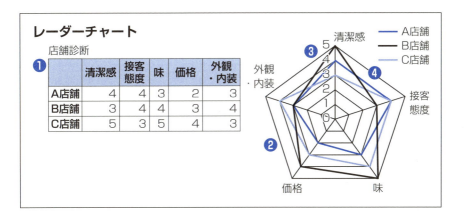

> **!　使いこなすポイント**
>
> グラフは自分たちが思っている以上に読み手に強いイメージを植え付けてしまいます。ときには、潜在下にイメージを植え付けて、間違った判断をさせる怖さもあります。自分も含めて読み手が正しくデータを理解できる表現方法となっているかを確認して使いましょう。

# 組織能力目標展開シート

 目標設定

**効能**

業務目標を能力目標に展開することによって
- 組織の業務遂行能力を高めることができる
- 組織として取り組みが明確になり主体性が生まれる
- 自分たちの課題が明確になる

　問題解決は、業務において成果を出すための取り組みです。しかし、業務目標をそのまま問題解決の目標として取り組むことは、業務目標達成のための、ただの施策展開活動となってしまいます。業務目標は達成されますが、問題解決の経験が組織の力とはなりません。1つの問題解決の経験が組織の業務遂行能力を高め、その能力によって日々の仕事の中の様々な問題を解決していく。そんな集団となることをめざすのです。

　このように、問題解決では組織の業務遂行能力の向上を目標とするようにしましょう。組織能力目標展開シートは、業務目標を実現するために、組織としてどのような能力を高めなければならないか明らかにするツールです。

**手順**

**❶業務目標の向上分を明確にする**

　業務目標について、現在の能力を使えばそのまま達成できる成り行き部分と能力を高めないと実現できない向上部分に分解します。過去の実績などを元に成り行きの見通しを立て、成り行き部分を引いた残りが向上部分となります

**❷向上分の業務目標をQCDに分解する**

　向上分の業務目標をQ（品質）、C（コスト）、D（量と納期）に分けて目的・目標を明確にします。品質を高めるとコストが高くなったり、

納期が長くなったりと、QとCDは相反関係にあることが多いので、業務目標をQCDに分解することで、相反することをどのようにバランスをとるのかを明らかにすることになります。

また、能力は、品質、コスト、量と納期によって必要とするものが異なることから、能力を検討しやすくするためにも分解します。

### ❸組織能力を検討する

QCDに分解した業務目標を実現するために、自分たちが具備しなければならない組織としての「力」を明らかにします。組織として持たなければならない業務遂行能力です。着眼点と能力、目標値を設定します。能力というと個人のもつ能力がすぐに思い浮かびますが、組織の能力は、個人の能力に加えて、能力を適材適所に配置し、組み合わせて相乗効果を発揮させる力のことです。つまり、仕事を行う体制・プロセス・仕組みなどを含む能力です。

業務目標を実現するために必要な能力について、具体例で説明しましょう。品質における業務目標を実現するために必要な能力には次のようなものがあります。

・**信頼性を向上させる能力**：品質不具合を起こさない、流出させないための能力です。不具合発生率の低下、または、検出力を向上させる力などがあります。

・**高品質の製品・サービスを提供する能力**：より高い品質の製品やサービスを生み出したり、提供したりする能力です。製品やサービスをレベルアップしたり、充実したサービスを提供する力などがあります。

・**価値レベルを高める能力**：より魅力的な製品やサービスを創造し、開発する能力です。価値レベルの高い仕事の割合を増やしたり、学ぶサイクルを多く回す力などがあります。

コストにおける業務目標を実現するために必要な能力は次の通りです。

・**原価の精度、構成、利益体質を向上させる能力**：必要なコストを見積もる力、売上が変動しても利益を出せる力、内部へ利益を留保する力などがあります。

・**生産性を向上させる能力**：量を効率良く生み出す力、付加価値の高い

ものを効率良く生み出す力、価値のある仕事を行う割合を高める力などがあります。

・損失拡大防止能力：短い時間やコストでミスや不具合を処理して、損失が拡大する前につぶす力などです。

量と納期における業務目標を実現するために必要な能力は次の通りです。

## 組織能力目標展開シート

部門：＿＿＿＿＿＿＿＿＿＿＿＿　　作成者：＿＿＿＿＿＿＿＿＿＿

**Step 1．20XX年度の業務目標を明確にする。**

20XX年度 業務目標：
**V（売り上げ、販売数、シェア、顧客満足、処理量、回数…）**
世界初のアクティブ監視型ネット監視ツール（ABV）の市場への投入
XYZシリーズの新製品発表会来場者20％UP
大手銀行MW市場向けネット監視ツールのシェア65％以上
XYZに対する顧客信頼度　5Pアップ（QMPT社調査）
**P／C（利益、利益率、コスト、生産性、固定費率……）**
XYZシリーズ製品の粗利率　35％以上
開発原価における固定比率　48％以下

❶ 向上させる部分

成り行き部分

❷ 業務目標（向上分） Step 3

❸ 組織能力目標（組織としての業務遂行能力） Step 4

| | | Q（品質）<br>（どんな良いモノ、信頼） | C（コスト）<br>（いくら、何時間） |
|---|---|---|---|
| | | 魅力品質 | 付帯作業コスト |
| 目的<br>業務上のありたい姿 | | 新規採用の技術・機能の早期安定 | 開発の付帯作業比率を下げて生産性向上 |
| ありたい姿の説明<br>目的の実現された状況が客観的にどのように見えるのかの説明 | | 最終システムテストでの新技術・新機能の設計変更を要するレベルの問題発生をゼロとする | 開発作業での設計・プログラム・テストの生産性を対前回開発案件よりアップさせる |
| 目標値<br>具体的かつ測定可能な数値目標目標 | | 最終システムテスト新技術エラー0件 | 設計・プログラム・テストのアウトプットに対する生産性30％アップ |
| 着眼点<br>目標実現に向けて高めるべき能力の狙い所 | | 新技術・機能の障害予測設計力の向上 | 可動率アップ |
| 能力の説明<br>組織として高めるべき業務遂行能力が客観的にどのように見えるかの説明 | | 詳細設計における新技術・機能のシステム障害リスク分析件数を対前年度比増加させる | 開発作業での設計・プログラム・テストの正味作業の可動率をアップさせる |
| 目標値<br>具体的かつ測定可能な数値目標 | | 新技術リスク分析件数50％増 | 可動率30％アップ |

・**処理能力を向上させる能力**：単位あたりの平均処理能力を高める力。ピーク時の処理能力を高めピーク対応できる力、途中で止まったり戻ったりすることなくスムーズに処理する力などがあります。

・**納期やリードタイムを短縮させる能力**：各プロセスの納期を守り、最終納期を守らせる力。滞留を減らして、リードタイムを短縮する力。一列待ちや一個流しの原則でリードタイムを短縮する力などがあります。

```
作成：　　　　年　　　月　　　日
```

Step2．業務目標を成り行き部分と向上させる部分を明確にする。

| V（売り上げ、販売、シェア、顧客満足……） |
|---|
| ABV機能付きXYZの新製品発表会での問合せ件数300以上 |
| ABV機能付きXYZ新製品の市場投入時期6ヶ月前倒し |
| 新技術のABV機能の市場初期1ヶ月間トラブルを半減 |
| **P（利益、利益率……）** |
| 品質ロストコストを含めた開発コストの低減　3,500万円 |

| V（売り上げ、販売、シェア……） |
|---|
| XYZシリーズ製品の販売数　2100本以上 |
| XYZシリーズ顧客信頼度　3Pアップ |
| **P（利益、利益率……）** |
| XYZ製品の品質ロストコストの低減　8,900万円以上 |
| テスト作業の外注化による固定費削減　23,000万円の外注化 |

| D（量と納期）<br>（早く正確に必要なだけ届ける） |
|---|
| リードタイム短縮 |
| 開発リードタイムの短縮 |
| 開発リードタイムを短縮する |
| 開発リードタイム30％短縮 |
| タスク滞留時間を削減して案件流し力アップ |
| タスクの滞留因子別滞留時間を半減する |
| 滞留因子別滞留時間50％減 |

 **使いこなすポイント**

問題解決の対象は、仕組みや方法における問題の解決にあります。組織能力においても、業務遂行の体制やプロセス、仕組み、方法などに関するものを対象として検討するようにしましょう。個人の能力を対象としても、問題を解決することはできません。

# ツール23
## 原因系統洗い出しシート（系統図法）

原因分析

**効能**

原因を系統立てて洗い出すことによって
- 分析者の主観や経験によって原因の洗い出しが偏ることを防ぐ
- 原因の垂直の深掘りによって真因を突き止めることができる
- 原因が具体化され、対策案が立案しやすい

　問題解決の基本は、原因に対する対策です。原因の探求が不十分な場合、対策も不十分となり、問題が解決できません。表層的な原因でなく、本質的な真因をあぶり出し、対策することで根治的対策ができ、効果ある問題解決ができます。原因分析では、真因に近づくアプローチで原因を探求することが大切です。原因系統洗い出しシートは、**原因を階層的に垂直方向に掘り下げて真因を見つけ出すためのツール**です。

### 手順

**❶問題に対する一次原因を洗い出す**

　問題の発生および流出を引き起こしている直接の原因（一次原因）を考え、問題の下に配置して線で結びます。「○○によって、××の問題が発生する（流出する）」というような文章にしたとき、違和感なく読めるのであれば、「○○」の部分が一次原因となります。

**❷二次原因を洗い出す**

　一次原因を問題と見立てて、一次原因を引き起こしている直接の原因（二次原因）を考え、一次原因の下に配置して線で結びます。一次原因の洗い出しと同様に文章にしてみて確認しましょう。

**❸三次原因の洗い出し**

　同様に、二次原因を問題と見立てて、二次原因を引き起こしている直接の原因（三次原因）を考え、二次原因の下に配置して線で結びます。

一次原因の洗い出しと同様に文章にしてみて確認しましょう。

　原因が仕事のしくみや制度に関する矛盾や不整合、過不足、欠陥などまで掘り下げられたら、そこで洗い出しを止めます。そこまで掘り下げられていなければ、以下、四次原因、五次原因へと洗い出しを続けます。

> **! 使いこなすポイント**
>
> 　原因分析では、「なぜなぜを繰り返せ」などと言われます。しかし、多ければいいというものではなく、通常3から5回（三次から五次）くらいで、真因にたどり着くと言われています。5回以上の掘り下げは、人の人格否定や社会・組織の否定にたどり着き、対策できない原因となってしまいます。原因は、仕事の仕組みや制度の矛盾や不整合、過不足、欠陥までの掘り下げとしましょう。

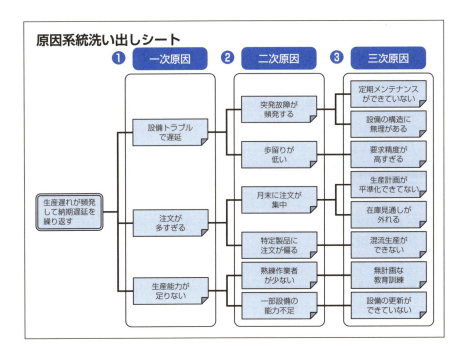

## ツール24 原因の因果関係整理シート（連関図法）

原因分析

**効能**

原因の因果関係を整理して洗い出すことによって

- 絡み合った原因の関係を紐解くことができる
- 原因相互の関連性の大小を知ることができる
- 真因を客観的に特定することができる

　原因は、相互に関係していることがほとんどです。1つの原因が複数の原因を引き起こしている場合もあれば、逆もあります。原因分析では、これら原因間の因果関係を見ていくことで大元の原因（真因）を突き止めます。原因の因果関係整理シートは、原因間の因果関係を見える化して、関係の大小から重要要因を突き止めるためのツールです。

**手順**

❶**問題に対する原因を階層的に洗い出す**
　一次、二次、三次と階層的に垂直方向に問題を掘り下げます。
❷**階層的に洗い出した原因を問題の周りに配置する**
　洗い出した一次原因、二次原因、三次原因を問題の周りに配置して、つながりを矢印で結びます。矢印の矢は上位に向けて書きます。
❸**原因間の因果関係を明らかにする**
　配置した原因全体を見て、矢印でつながっている原因以外にそれを引き起こしている原因があれば、色や線種を変えた矢印で結びます。
❹**重要要因を選定する**
　問題を引き起こしている真因＝重要要因を選定します。重要要因とは、問題を引き起こす根本的原因で、最も影響が強い原因のことを指します。ここでは、矢印の多さで判定をします。自身から矢印が最も多く出ている原因が広範囲に影響を及ぼす根本的な原因と考えます。

重要要因は二重線で囲んで他の原因と区別できるようにし、問題を引き起こすロジックを文章にして表します。

### ❺システム的な重要要因を選定する

　重要要因には、システムにまつわる複数の原因から成るものもあります。特定の業務システムや制度に関して原因が多く洗い出された場合、そのシステムに根本的問題があると考えられます。それら原因を点線で囲み、まとめて1つの重要要因として選定します。さらに、問題を引き起こすロジックを文章にして表します。

> **！ 使いこなすポイント**
>
> 　些細なことまで考えれば、すべての原因は何らかのつながりがあります。因果関係を考えるときは、直接的に相手に明確な影響を与えているか否かという視点で見て判断するようにしましょう。

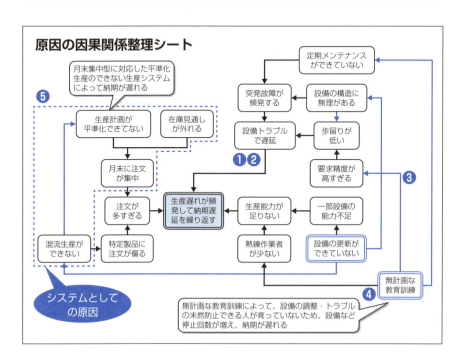

## ツール25 重要要因と問題の相関評価散布図

原因分析

**効能**

問題と重要要因の相関を見ることによって
- 重要要因が真因であることの確証を得ることができる
- 相関関係の状況から重要要因のさらなる掘り下げができる
- 相関の強さから対策の効果を見ることができる

問題の真因である重要要因を様々な手法を使って洗い出し、選定してきましたが、本当に真因であるか否かは、実際のデータで裏付けがない限り確証はありません。重要要因の問題との相関評価散布図は、**選定された重要要因が問題を引き起こす真因であるかをデータの相関性を見て評価するためのツール**です。

相関とは、重要要因と問題との間に比例または反比例の関係があるか見ることです。言い換えると、重要要因の状況が強く出ているとき問題が出ていて、反対に重要要因の状況が弱いときは問題の出現は少ないという関係にあるか見ることです。

**手順**

❶ **重要要因と問題の出現を表す指標を決める**

重要要因の状況が現れているか否かを示す指標、問題が発生しているか否かを示す指標を決めます。状況を示す直接の指標がない場合や、あってもデータ取得が困難な場合は、代用の指標を検討します。

❷ **重要要因の現れている状況のデータを集める**

決定した指標に基づいて、重要要因の状況が強く現れている状況、あまり現れていない状況、問題の発生している状況、発生していない状況のデータを集めます。過去のデータの中に含まれている場合は、そのデータを抽出します。過去のデータに含まれていない場合は、実験やシミ

ュレーションなどを行い、データを取得します。

### ❸散布図にして相関を見えるようにする

集めたデータを使い、横軸に重要要因の指標、縦軸に問題発生の指標をとった散布図を作成します。相関を見るときは、横軸が原因系、縦軸が結果系で表します。人は、横方向には推移や変化を感じ、縦方向に大小、高低など感じるとされることから、このような配置としています。

### ❹相関を読み取り評価する

散布図のデータのプロット状況から相関性を読み取ります。法則なくバラバラに散らばってプロットされている場合は、相関はありません。まとまって傾いた直線上に並んでいる場合は、相関があると言えます。広がって直線上の帯の中に分布している場合は、ある程度相関があると見ます。直線または帯に傾きがない場合は、相関はありません。

関係性によっては、直線ではなく曲線だったり、片側から一点に集約するような並び方をする場合もありますが、いずれも相関があると言えます。

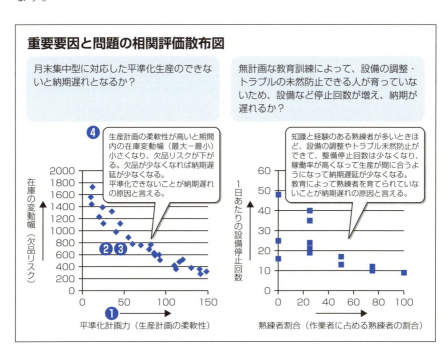

重要要因と問題の相関評価散布図

読み取った相関性から重要要因と問題の間にある相関関係と関係が成り立つ条件や状況を整理して文章にしてまとめます。

> **！ 使いこなすポイント**
>
> 　散布図にプロットされたデータのバラツキや並びの法則から、重要要因と問題の関係性をイメージして、読み取ることがポイントです。傾きの角度から影響の強さを読み取り、プロットのバラツキ度合いから関係性の強さを読み取りましょう。また、並びの形（直線、曲線、片側集約）から、関係の中に潜む法則や条件などを読み取ります。
>
> 　より正確に関係性を評価したい場合は、回帰分析手法を使って数学的に関係性を分析することもできます。

## ツール26 要因と結果の相関性を見る 回帰分析

原因分析

**効能**

要因と結果の相関性を
数学的分析することに
よって
- 要因と結果の相関性を客観的に評価できる
- 要因と結果の関係式を得ることができる
- 複数の要因と結果の関係性も明確になる

要因と結果の相関性を見る回帰分析は、**要因（原因）と結果（目標）との相関性（比例または反比例の関係性）の強さを数学的に分析し予測するためのツール**です。要因と結果が1つずつのものを単回帰、複数の要因と結果が1つのものを重回帰と呼びます。

計算方法は難しく、専門的に読み解くには、相応の理解力が必要となります。しかし、エクセルに分析ツールとして用意されていますので、計算方法を知らなくても簡単に使えます。基本部分だけであれば、専門知識がなくても十分に役立つ情報を提供してくれます。

**手順**

エクセルの回帰分析ツールを使った場合の手順を説明します。

**❶データ表を作成する**

要因と結果のデータを集めて一覧にしたデータ表を作成します。データ数（サンプル数）は、要因の数×10以上は必要となります。事例の場合は、要因が1つですから10以上必要で、15ありますから問題ありません。

**❷分析ツールで計算**

エクセルの分析ツールにある回帰分析を立ち上げます。通常は、メニューの中に表示されていませんので、表示されていない場合は、オプションから読み込む必要があります。

回帰分析のウィンドが立ち上がったら、Xのデータ欄に要因データの範囲を選択して読み込ませます。Yのデータ欄には、結果データの範囲を選択して読み込ませます。要因が複数ある場合は、Xのデータ欄にまとめて読み込ませることができます。その場合、複数の要因データは並んでいなければなりません。

**❸回帰統計を読む**

　データを読み込んで、「OK」ボタンを押すと回帰統計が出力されます。この回帰統計の「重決定R２」と「t」に着目します。ここでは統計的な専門的な読み取り方ではなく、簡易的な見方を紹介します。

　「重決定R２」は、複数の要因すべてのまとまりと結果との間に相関があるかを見ることができます。1が最大値で、大きいほど要因（複数の要因すべて含めて）と結果の間の相関性は高いことになり、概ね0.8以上あれば、相関がある判断できます。0.6以上ある場合は、相関関係がある可能性が高いと思われます。別の要因によって、データがばらついて相関関係が低く表れている可能性もあるので、他の要因の影響を検討しましょう。

　「t」は、個々の要因それぞれが結果との間に相関があるかを見ることができます。絶対値として２以上（－２以下または２以上）あれば相関があると言えます。２以下の要因は、結果に対する相関がないので、要因対象のデータから外して再計算しましょう。

**❹関係式を知る**

　分析ツールからは、要因と結果の予測関係式を得るための値も出力されます。予測関係式は、y＝a１x１＋a２x２＋…＋bで表されます。

　x１、x２は、要因1、要因2で、a１は要因1の係数、a２は要因2の係数となります。bは切片です。分析ツールから出力された表には、要因それぞれの係数と切片が記載されていますから、それを使って予測関係式をつくることかできます。予測関係式は、要因がいくつのとき、結果はいくらになると予測するのに使うことができます。

**❺相関を表す散布図を作成する**

　散布図を使って、要因と結果の関係がイメージできる散布図を作成し

ます。エクセルの回帰分析では、分析時のオプション選択で「観測値グラフの作成」にチェックを入れておけば散布図を自動で作成してくれます。予測関係式の直線を図示すると関係性の強さが明確になります。

> **!　使いこなすポイント**
>
> 　分析ツールを使った回帰分析は、その複雑そうな見た目から敬遠しがちですが、ここで紹介した簡易的な読み取りだけでも自分たちの問題解決のレベルアップにつながりますので、まずは使ってみてください。

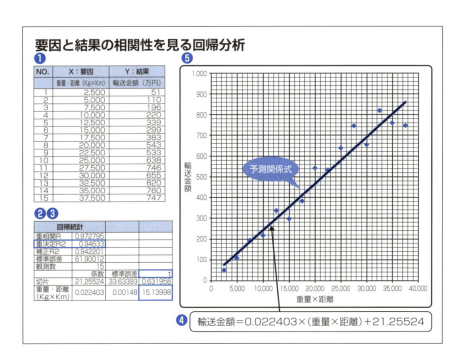

要因と結果の相関性を見る回帰分析

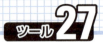

# ロスコストツリー・マトリックス分析シート

原因分析

**効能**

16大ロス×原価項目で分析することによって
- コストを押し上げている原因を浮き彫りに評価できる
- 多面的に広範囲を網羅することで原因洗い出しに抜け漏れがない
- ロスがどのようにコストを蝕んでいるか明確になる

　コストアップの原因は様々なところに潜んでいて、コストへも様々な形で影響しているため、コストアップ原因を捕まえるのは簡単ではありません。ロスコストツリー・マトリックス分析シートは、**16大ロスの視点で多面的に洗い出し、多角的な原価項目で見ることで、コスト原因を抜け漏れなく捕まえるためのツール**です。

　16大ロスとは、生産効率化を阻害するロスとされるもので、設備に関する8つのロス、人に関する5つのロス、原単位に関する3つのロスから成ります。原単位とは、生産をするのに必要な各種の生産要素を指し、その生産要素の発生するロスのことを原単位ロスと言います。

　16大ロスは、製造現場向けのものとなっていますが、製造以外の職場でも、それぞれのロスの意味をとらえれば、ほとんどのロス項目は使えるものばかりです。217頁にオフィス業務版16大ロス置き換え表を紹介しています。

　以下に16大ロスごとの検討手順を説明します。

**手順**

**❶設備に関するロスを検討する**

　問題に関連した設備に起因するロスが発生したとき、コストの原価項目にどのように影響するのか考え、ダメージの大きい組み合わせに◎を付けます。ダメージがあるものは○、ダメージを与える可能性があるの

は△を付けます。◎と○が付いた箇所については、具体的なコストアップ原因は文章にまとめます。

　故障ロスは、設備機器などの故障によって発生するロスです。設備機器が故障すると、故障している間、作業者は仕事ができなくなり、その間の賃金などの労務費がロスコストとなります。修理にかかった修繕費などもロスコストです。

　段取りロスは生産する製品を切り替えるときの段取り作業で発生するロスです。段取り作業では、次の製品の加工条件などを設定したり、調整したりします。その設定などで使うトライ加工品の原材料費、購入部品費がロスコストになります。段取り作業を行う作業者の労務費、段取りを待っている作業者の労務費がロスコストです。

　刃具交換ロスは、刃具が摩耗などして、交換するときに発生するロスです。刃具が摩耗すると不良などが発生しやすくなります。不良となった製品の原材料費や購入部品費がロスコストになります。交換する刃具の治工具費もロスコストです。刃具交換をした作業者や刃具交換を待っている作業者の労務費もロスコストになります。

　立ち上がりロスは、設備を起動して安定するまでの間の立ち上げ作業で発生するロスです。立ち上げ作業で使った製品の原材料費や部品購入費がロスコストになります。立ち上げ作業を行った作業者、立ち上がるのを待っている作業者の労務費がロスコストになります。立ち上げで使った製品の原材料費の割合を見てみましょう。

　計画停止のロスは、定期的メンテナンスなどによって設備を停止させるときや生産計画上の理由で設備を停止させるときに発生するロスです。定期メンテナンスにかかる修繕費がロスコストになります。停止させている期間が長い場合、その間の設備の減価償却費がロスコストとなります。停止期間の間の作業者の労務費もロスコストになります。

　チョコ停・空転ロスは、材料の取り付けの甘さから引っかかったり、加工の切り屑が絡みついて停止したりなど、些細な原因で停止するチョコ停や加工開始までの空転によるロスです。チョコ停の復帰作業を行う作業者、チョコ停や空転の間、待っている作業者の労務費がロスコスト

になります。チョコ停にかかわる労務費を集計してみましょう。

　速度低下ロスは、設備の加工スピードの遅いことにより発生するロスです。設備の劣化、高い加工負荷などが原因となって設備の加工スピードが遅くなることがあります。加工スピードが遅いと生産性が落ち、その分、製品1個あたりの減価償却費が高くなり、ロスコストとなります。

　不良・手直しロスは、不良品をつくってしまったことによって発生するロスです。作業ミスや設備トラブル、材料不良などが原因で不良品が発生したとき、不良品に使われている原価材料費や購入部品費がロスコストとなります。不良品を手直しするときに使う原材料費などもロスコストです。不良品をつくってしまった作業者、不良品を手直しする作業者の労務費もロスコストになります。不良品や手直しに使われた原材料費や購入部品費を見てみましょう。割合が高かったり、増加傾向にある場合は、その製品の工程が不安定になっている可能性があります。

### ❷人に関するロスを検討する

　問題に関連した人に起因するロスが発生したとき、コストの原価項目にどのように影響するのか考え、ダメージの大きい組み合わせに◎を付けます。ダメージがあるものは○、ダメージを与える可能性があるのは△を付けます。◎と○が付いた箇所については、具体的なコストアップ原因は文章にまとめます。

　管理ロスは、生産管理や発注管理など管理上の理由から発生する手待ちのロスです。入荷待ちなどの手待ちの状態となっている作業者の労務費がロスコストになります。手待ちが頻発するラインは生産性が落ち、設備の減価償却費が高くなり、ロスコストとなります。手待ち状態となった作業者の労務費を見てみましょう。他の製品などへ労務費の付け替えなど発生していないか注意しましょう。

　動作ロスは、作業者の作業動作のムダによって発生するロスです。片手が空いている、モノを仮置きする、歩行などのムダな動作にかかる時間の労務費がロスコストとなります。製品ごと、ラインごとの労務費を比較してみましょう。労務費に差があり、高い製品やラインの作業に動作のムダから発生するロスが隠れている可能性があります。

編成ロスは、仕事の分担や生産量の変動などによって、仕事の負荷のバランスが崩れることによって発生するロスです。一方は定時で帰り、一方は深夜まで残業というアンバランスな状態となることで、残業代などの労務費がロスコストになります。作業者ごとの作業時間を比較しましょう。特定の作業者の作業時間が長いときは編成ロスが発生している可能性があります。

　自動化置き換えロスは、人手による作業のうち、機械化や自動化に置き換えることによって、品質や生産性が高まるにもかかわらず、機械化や自動化をしないことによって発生するロスです。機械化・自動化できる作業を人手で行っている労務費がロスコストです。繰り返し性が高く、大量に行っている作業の労務費を見てみましょう。機械化・自動化の投資金額と比較して、どちらが得か評価し、設備導入の必要性を検討してみましょう。

　測定・調整ロスは、生産において、測定と調整を繰り返し行うことによって発生するロスです。生産を途中で止めて、製品を測定し、測定結果に基づいて生産条件を調整することを繰り返すロスです。測定・調整を行う作業者の労務費がロスコストとなります。測定・調整にかかる労務費を集計してみましょう。測定・調整の労務費が高い場合は、製品の品質が安定していない可能性があります。測定・調整での品質管理はその場しのぎの管理です。

### ❸原単位に関するロスを検討する

　問題に関連した原単位に起因するロスが発生したとき、コストの原価項目にどのように影響するのか考え、ダメージの大きい組み合わせに◎をつけます。ダメージがあるものは○、ダメージを与える可能性があるのは△を付けます。◎と○が付いた箇所については、具体的なコストアップ原因は文章にまとめます。

　歩留まりロスは、歩留まりロスとは、材料重量と製品重量の差によるロスのことです。例えば、加工している時の切り屑が歩留まりロスです。この切り屑となった原材料の原材料費や購入部品費がロスコストとなります。切り屑や廃棄材料の重量と原材料の重量を比較してみましょう。

切り屑や廃棄材料の重量が多い場合は、生産での加工条件や材料どりの設計にムダがあります。

　エネルギーロスは、設備機器などで使うエネルギーの一部が、本来の生産活動に使われていないことによって発生するロスです。例えば、蒸気やエアーが洩れていたり、ボイラーの熱が放熱されていたりすることによるロスです。これらエネルギーロスに消費された電力費や燃料の支払経費がロスコストとなります。電力費などを他社などと比較してみましょう。他社と比較して、電力消費が高い場合は、どこかでエネルギーロスが発生している可能性があります。使用している設備機器の効率や洩れ、空転などのロスがないかチェックしましょう。

　型・治工具ロスは、型や治工具を製作・保守・修理するために発生するロスです。型の設計が甘く、すぐに破損してしまい、修理することになるロスです。型の再設計や製作、修理にかかる「金型・治工具費」がロスコストとなります。

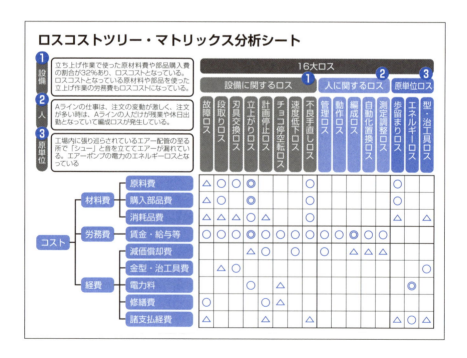

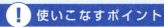

オフィス業務版16大ロス置き換え表を用意しましたので、これら16大ロスの視点で自分たちの職場のコストアップ原因を洗い出してみましょう。

### 16大ロスの読み替え表

| 16大ロス | | 読み替え例 |
| --- | --- | --- |
| 故障ロス | 故障ロス | システム機器等の故障ロス |
| 段取りロス | 段取りロス | 仕事の段取りのロス |
| 刃具交換ロス | 消耗品交換ロス | プリンターなどのインク交換などによるロス |
| 立上がりロス | スイッチングロス | 仕事の切り替え時の片付け・準備のロス |
| 計画停止ロス | 計画停止ロス | 定例会議や処理による業務中断ロス |
| チョコ停空転ロス | チョコ停 | 声かけ、電話、メール等による中断ロス |
| 速度低下ロス | 速度低下ロス | システムやネットの速度低下ロス |
| 不良手直しロス | 不良手直しロス | ミスなどによる手直しロス |
| 管理ロス | 管理ロス | 業務管理上のロス |
| 動作ロス | 手順ロス | 仕事の手順のまずさによるロス |
| 編成ロス | 編成ロス | チーム編成のまずさによるロス |
| 自動化置換ロス | 自動化置換ロス | システム化できるものを手で行うロス |
| 測定調整ロス | 確認調整ロス | 確認したり調整したりするロス |
| 歩留まりロス | 滞留ロス | 仕事を滞留させてしまうロス |
| エネルギーロス | エネルギーロス | 電気・空調のムダ使いのロス |
| 型・治工具ロス | テンプレートロス | 帳票・テンプレートのまずさによるロス |

# 対策の失敗原因洗い出しシート

対策立案

**効能**

対策の失敗原因を洗い出すことによって
- できなかった難しい対策ができるようになる
- 失敗から学んだ有効な対策ができる
- 失敗原因を改善することで対策立案力が高まる

　人は対策案を考えるとき、どうしても成功できる対策を選びがちですが、一発でできてしまうような対策は効果が薄いことが多いものです。効果的な対策は、「難しい対策」なのです。対策立案では、成功する対策ではなく、効果が大きい対策を選ぶようにしましょう。

　当然、効果の大きい対策は、最初は失敗します。失敗したとき、やはりダメだったとあきらめて別の対策案を考えて実行しても、また失敗を繰り返します。難しい対策をできるようになるためには、まず、なぜ失敗したのか、その原因を探ることです。対策の立案や実行において、自分たちに足りないこと、間違えていたこと、ずれていたことなどを調査分析して、そこ改善することです。自分たちの対策のやり方のまずさの原因が改善されていなければ、何度対策立案して対策しても失敗を繰り返すだけです。

　対策の失敗原因を分析して改善することが、対策立案力・実行力を高め、対策の有効性を高めることにつながります。対策の失敗原因洗い出しシートは、**対策の失敗原因を分析するためのツール**です。

> 手 順

**❶4Mに分けて考える**

　失敗した対策について、その原因を人（Man）、設備・システム（Machine）、プロセス・手順・方法（Method）、製品・原材料・コンテンツ（Material）、の4Mに分けて考えます。4Mは対策をするために必要となる4要素ですから、それぞれの要素における問題点を考えることで原因を洗い出せます。

**❷各要素における問題視点を決める**

　対策の4Mの各要素おいて、問題点を探るための視点を考えて決めます。対策の立案や実行において、以下のような切り口で考えます。

- ・対象の適切性
- ・タイミングの適切性
- ・能力の有無、過不足
- ・目的に対する内容の整合性、適切性
- ・目的に対する方法の整合性、適切性
- ・環境、条件の適切性
- ・その他イレギュラー事項の有無

**❸視点に基づいて原因の洗い出し**

　4Mの各要素の原因を、視点を元に検討し洗い出します。推測で考えるのではなく、対策結果の事実データに基づいて検討するようにします。データが足りない場合は、再現調査などを行い、あくまでも事実に基づいて原因を洗い出すようにしましょう。

**❹原因をまとめる**

　洗い出された原因において、関係性の深いものを集めて、原因間のつながりを整理し、失敗につながったロジックを読み取って、重要要因としてまとめます。

> **！ 使いこなすポイント**
>
> 　対策し失敗した事実があるので、その事実に基づいた原因分析に徹することがポイントです。せっかく事実があるにもかかわらず、推定で原因を考えてしまうと、いつまでも自分たちの知識・経験の範囲で対策を繰り返すことになります。失敗原因の多くは、自分たちの知識・経験の範囲を超えたところにあります。事実を見ることが、自分たちの経験範囲を広げ成長することにつながるのです。

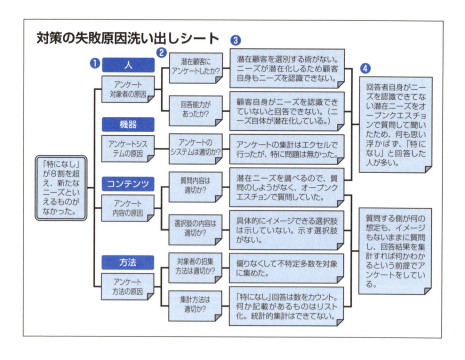

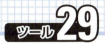

# 対策のDCAPサイクル管理シート

対策立案

### 効能

DCAPサイクルを管理することによって

- 学びの相乗効果を高め、対策をスパイラルアップできる
- 事実を基点とした対策立案を徹底できる
- 対策の後戻り、重複を防ぐことができる

立案した対策がうまくいかないと新たな対策を立案して実行するというパラレル型の対策は、経験が活かされず、対策立案力も実行力も高まりません。対策立案力と実行力を高めるためには、対策の実行の事実から学びを得て、対策立案と実行のやり方を改善し、改善したやり方で対策を行うことを繰り返す、スパイラルアップ型の対策をしなければなりません。

対策のDCAPサイクル管理シートは、**事実基点で対策立案・実行のやり方の改善サイクルを回しながら対策を行うためのツール**です。

### 手順

#### ❶まず対策を実行する

効果の高さを追求した対策を、まず実行します。最大の効果を得る対策にチャレンジしましょう。失敗を前提としているので、難しい対策で構いません。ただし、失敗したときのダメージを最小とするように、対策の範囲や規模は最小となるようにしてください。

#### ❷対策結果を測定する

対策した結果を測定します。目的・目標を達成できるかの測定だけでなく、対策したときの状況を詳しく見ておきます。測定結果から、失敗原因を分析します。失敗原因の洗い出しは、対策の失敗原因洗い出しシートを使うとよいでしょう。

### ❸失敗原因の改善案を立案する

　失敗原因を除去するための対策方法の改善案を立案します。改善するのは対策方法です。新たな対策案を立案するのではありません。失敗した対策をどのように改善すればいいか考えましょう。

### ❹改善を盛り込んだ対策案を立案する

　対策方法、対策の条件、ツール、タイミング、実施者などの見直しを含めて、失敗した対策に改善案を盛り込んだ改良対策案を立案します。

### ❺以下、DCAPサイクルを回す

　改良対策案を実施し、同様に結果の測定、目的・目標の達成状況を評価し、うまくいかない部分の原因と改善案の立案、改良対策案の立案を行うことを繰り返し、DCAP改善サイクルを回して対策を進化・成長させていきます。

　問題解決の目的・目標が十分に達成できるまで対策の改善サイクルを回していきます。

　2サイクル目以降は、成功部分と失敗部分があります。失敗原因の探求とともに、失敗から成功につなげたときの自分たちのものの見方や考え方の変化もふり返り、原因分析や対策立案のときのポイント（急所）を認識して、問題解決の取り組みのレベルアップをしていきましょう。

　問題解決の目的・目標が十分に達成できるまで対策の改善サイクルを回していきます。

> **!** 使いこなすポイント

　対策のDCAP改善サイクルを回すポイントは、対策の改善案を立案することにあります。うまくいかないとき、うまくいく対策案を再度検討するというスタイルから脱却して、一度失敗した対策を改善して改良対策案を立案するスタイルにすることが、対策をスパイラルアップして、対策立案力・実行力を高めることにつながります。

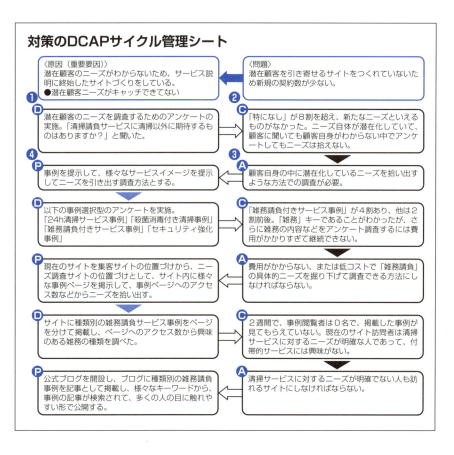

## プロセスの改善案組み合わせ検討シート

対策立案

**効能**

プロセスの改善案の組み合わせで対策立案することによって
- 改善案の相乗効果を高める対策立案ができる
- 結果をつくる効果的なプロセスを設計できる
- 改善案の効果性を比較して客観的に評価できる

　仕事のプロセスにまつわる問題は、プロセスの構造、役割、相反を含めた関係性から1つの改善案ですべて解決できるというものではありません。複数の改善案を相乗的に組み合わせることで、全体として効果的に対策ができるようになります。プロセスの改善案組み合わせ検討シートは、**改善案がどのプロセスおいて、どのような効果があるのかを整理し、相乗効果を発揮させる組み合わせを検討するためのツール**です。

### 手順

**❶現在のプロセスを明確にする**

　プロセスは、手順レベルではなく、アウトプットがつくる単位の大きさで考えます。

**❷改善案を列挙する**

　プロセスに盛り込むべき改善案を列挙します。縛りは設けず自由に出し、プロセスにおける業務遂行力の何を高める案か明確にします。

**❸改善案とプロセスの関係を整理する**

　改善案とプロセスの関係を明確にします。改善案が、どのプロセスにおいて、何を行うのか具体的な施策を明らかにします。求める結果に対応して、何をどのくらい高めるのか指標と数値を示して明らかにします。

**❹目的に対する有効性を評価する**

　それぞれの改善策について、求める結果に対する有効性を評価します。

その施策を実施し、設定した指標の値が高まったとき、求める結果をつくることができるのか評価します。

## ❺改善案を組み込んだプロセスを設計する

高いと評価された改善案を組み込んだとき、どのようなプロセスすればいいか検討し、設計します。個々の改善案の有効性は高くても、組み合わせることによって、有効性が落ちてしまうことはないか検討して、組み合わせの妥当性を評価して、組み合わせを決定します。

> **❗ 使いこなすポイント**
>
> プロセスの改善案は、多ければ多いほど現状に縛られない魅力的で効果の高いプロセスが設計できます。現実に縛られた、当たり障りのないプロセスは、対策する意味のない効果の薄いものとなります。
> 思い切ったプロセス改善にチャレンジしましょう。

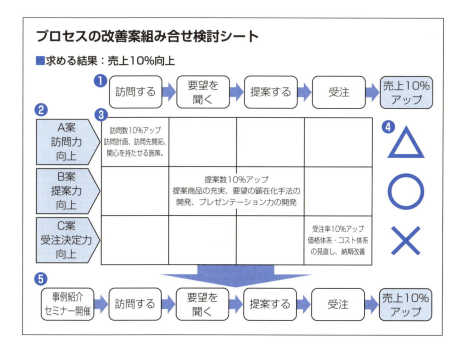

## ツール31 目的×手段展開ツリー（系統図法）

対策立案

### 効能

目的に対する手段／機能をツリー構造で展開することによって
- 対策案を抜けなく、網羅的に立案できる
- 的を射た対策案を立案できる
- 行動レベルまで具体化した対策を立案できる

　思いつきに依存した対策立案は抜けや偏りが発生します。対策案では、発想力も大切ですが、目的に寄与する対策を立案することも重要です。目的×手段展開ツリーは、**目的を基点として、目的を実現する対策（手段や機能）順にツリー構造で展開し、対策立案を論理的に行うためのツール**です。目的に対する手段・機能を抜けなく、網羅的に洗い出すことができ、的を射た手段・機能を行動レベルに具体化することができます。

　目的×手段展開ツリーの代表的な型は方策展開型で、目的を実現するための手段を上位から順に展開して具体化します。機能要素展開型は、改善策や仕組みを実施する上で必要な機能を明らかにするもので、目的の改善策や仕組みに対する機能を、方策展開型と同様に系統的に展開します。

### 手順

**❶目的を決める**

　解決策の目的を決め、カードに記入し、2重線で囲みます。

**❷一次手段の検討**

　目的に対する対策（直接手段）である「一次手段」を検討します。検討した手段をカードに書き出し、目的の下に配置して線で結びます。「○○のために△△とする」という文章で説明できる関係にあるものです。

**❸二次手段以下の検討**

　それぞれの一次手段に対する直接手段となる二次手段を洗い出します。

検討した手段をカードに書き出し、それぞれの一次手段の下に配置して線で結びます。同様に、二次手段に対する三次手段を検討していきます。以下、行動レベルの手段となるまで繰り返します。

**❹手段の評価と選択**

　行動レベルまで具体化された手段を目的実現に対する有効性と現在の技術、予算、工数における実現性で評価します。有効性と実現性の評価結果をもとに実施する手段（対策案）を選びます。

### 使いこなすポイント

　直接手段を狭く限定して考えることがポイントです。目的×手段展開ツリーでは、展開する手段は狭く小さなもので構いませんので、細かく分解して考えていきましょう。

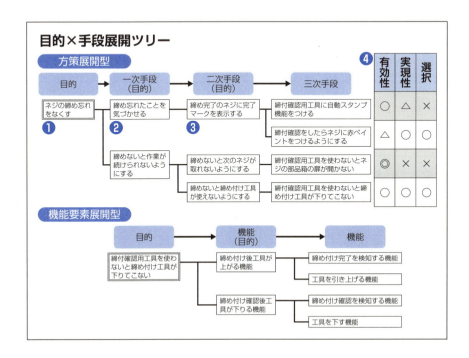

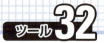

# ローテーション影響・効果検討シート

対策立案

**効能**

ローテーションの影響と効果を踏まえて対策立案することによって
- 異動によるリスクを抑え対策効果を高める
- 知識と経験が混ざり合うことで相乗効果の高い対策ができる
- 影響と効果を明確にすることで異動者の意識を高めることができる

　問題解決における対策の1つに人の異動があります。ここでは、仕組みや制度の問題や課題に関連した異動について考えていきます。仕組みや制度は、それを行う人の力に大きく左右されます。仕組みや制度の問題解決では、人の力をローテーションなどによって高めることも重要なテーマです。ローテーション影響・効果検討シートは、**対象者がローテーションされることで、ローテーション先や対策案、本人にどのような影響があり、どのような期待効果があるかを検討分析するツール**です。

## 手順

### ❶対象者の特徴と影響を考える

　対象者の特徴を整理します。対象者のもつ強みと弱みです。続いて、対象者がその部門より出ていくことによる影響も考えます。

### ❷次プロセスへの影響と効果を考える

　次のプロセスである部門へのローテーションをしたときの影響と効果を考えます。次のプロセスへのローテーションは、前のプロセス視点や考え方を引き継いで、そのプロセスの上位の考え方や原点に立ち戻った考え方を与えられることが期待されます。

### ❸対局のプロセスへの影響と効果を考える

　対局の部門、つまり、反対の役割、機能の部門へのローテーションを

したときの影響と効果を考えます。従来と反対の立場からの視点や考え方によって、今までにない発想で仕事を変革することが期待できます。

**❹同機能への横展開への影響と効果を考える**

同一の機能で、立場や手段の異なる部門への横展開ローテーションしたときの影響と効果を考えます。立場、手段が異なっても、目的の同じ部門への異動によって、やり方の違いから浮かび上がる弱点を強化する改善が期待できます。

**❺ローテーション先の選定**

リスクが少なく、最も効果が大きいローテーションを選択します。

> **使いこなすポイント**
>
> ローテーションを伴う問題解決の場合は、人事の責任者がローテーションによる影響と効果を冷静に評価検討しなければなりません。

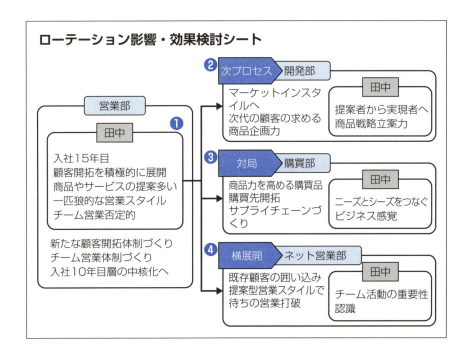

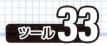

# アロー・ダイヤグラム

対策立案

**効能**

作業日程を矢線図で表すことによって
- 日程短縮改善の対象とすべき作業順がわかる
- 納期管理上の重点管理対象がわかる
- 日程短縮改善の効果のシミュレーションができる

アロー・ダイヤグラムは、**最適な実行計画と管理のために、作業日程を矢線図で表し日程短縮・重点管理作業の改善点を得るツール**です。別名、PERTと言われる手法で、必要な作業の相互関係・順序関係を矢印と結合点で示した矢線図に表します。結合点間の日程を計算することで、最早結合点日程、最遅結合点日程、余裕日程がわかり、日程短縮のためにどの作業や作業順を改善すればいいかがわかります。

**手順**

**❶作業を順番にリストアップ**

作成するプロジェクトや仕事の作業を順番に洗い出してカードに書いていきます。並列でできる作業は同じ順番とします。

**❷順番に矢線図を書く**

カードに書き出した作業を一番めから順に矢線図に書いていきます。作業内容と作業時間で挟んで作業の矢印を書きます。作業矢印の端に作業結合点を書いていきます。1つの作業に終点の結合点は1つの原則を守ります。複数の作業が集まる結合点には、作業時間が最も長い作業の矢印を結び、他はダミーで結びます。

**❸最早・最遅結合点日程を計算**

一番めの作業から作業時間を順に積み上げて最早結合点日程を計算し、最終の作業から作業時間を順に引いて最遅結合点日程を計算します。

❹ **クリティカルパスを求める**

最遅結合点日程から最早結合点日程を引いて余裕日数を計算し、余裕日数ゼロの作業ルートを赤線で結び、クリティカルパスを明示します。

❺ **短縮改善・重点管理の検討**

クリティカルパス上の作業の日程短縮改善の検討をします。クリティカルパス上で最も作業時間のかかっている作業や遅れる可能性の高い作業を重点管理対象として管理計画を立てます。

> **! 使いこなすポイント**
>
> 日程短縮は、作業時間の短縮よりも作業順の見直しや並行作業化による効果の方が大きいです。アロー・ダイヤグラムは、作業順の見直しや並行作業化による短縮の見通しを立てるシミュレーションツールとしても使えるので、いろいろな対策案を検討しましょう。

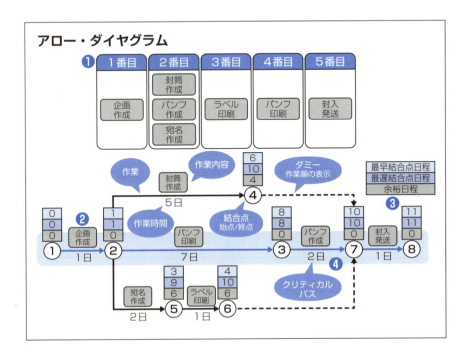

# 過程決定計画のためのPDPC法

対策立案

**効能**

作業の流れ図に阻害要因を組み込むことによって
- 事前に阻害要因を洗い出し、対応策を準備できる
- 事態の進展に応じて、冷静に全体とバランスがとれた対応策を立案できる
- 阻害要因への対応ノウハウが盛り込まれた実践的手順としての財産となる

過程決定計画のためのPDPC（Process Decision Program Chart）法は、作業の一連の流れの中で、作業の阻害要因などを想定して対応策を検討し、そのための作業や流れを事前に計画しておくもので、**作業の阻害要因を事前に想定して準備するためのツール**です。

また、作業を実施していく中でトラブルが発生したり見込まれたりしたときも、その対応策を検討し計画することができるツールにもなります。

**手順**

❶**スムーズな流れをつくる**

最初に問題なく順調に進んだときの作業の流れ図を作成します。

❷**阻害要因を出す**

過去の経験、技術的難易度、機器の故障、自然災害などを踏まえて、作業の阻害要因を洗い出します。作業が望ましくない結果となったことを想定してイメージを広げましょう。

作業の中にある異常（過剰、待ち、伝達、追加、変更、修正、削除）に目を向けると阻害要因が見えてきます。

❸**対応策を立案**

洗い出された阻害要因に対する対応策を検討します。阻害要因が発生したときと発生しなかったとき、それぞれの作業の流れ、作業内容を計画し、流れ図に組み入れます。

### ❹実施しながら追加修正

　PDPC法は、実行段階でも使うツールです。実行する過程で発生したトラブルなどの阻害要因に対する対応策を検討し、流れ図に追加・修正して、関係者へ周知徹底をはかるために役立てます。

> **!  使いこなすポイント**
>
> 　ポイントは、阻害要因の洗い出しです。最初は、異常視点などを使って多面的に洗い出しをします。ロールプレイ（役割演技）などによって、実際環境や条件で実行したときの阻害要因を洗い出すと、より実態に即した阻害要因を洗い出すことができます。

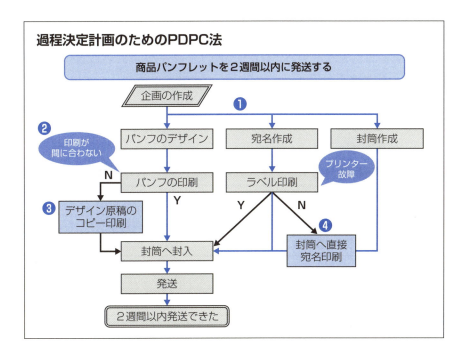

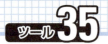

## ABC（活動基準原価）計算シート

 対策立案

**効能**

活動基準で原価計算をすることによって
- 「直接コスト」としてとらえることのできない業務のコストがわかる
- 隠れ赤字を防ぐことができる
- すべての業務がコストの裏付けをもって評価できる

　ビジネスが多様化、複雑化することで、個々の製品やサービスごとに様々な活動が付加されるようになってきました。また、複数業務の組み合わせや複合化によって、個々の活動単位で分解しないと製品・サービスごとの「間接コスト」だけでなく、「直接コスト」もわからない状態となっています。

　ABC（Activity Based Costing＝活動基準原価）計算シートは、**活動基準のコスト計算をするためのツール**です。製品やサービスごとの管理間接業務や開発業務などの活動を明確にし、その活動の内容や量に応じてコストを求める方法です。製品・サービスごとの活動を明確にして、活動単位でコストを算出することで、確証の持てるコスト設計と管理ができるようになります。この活動基準原価計算を英語の略称として、ABCと呼びます。ちなみに、在庫などの重点管理方法にもABC管理と呼ばれるものがありますが、それとは別物です。

**手順**

**❶対象製品・作業を明確にする**

　コスト計算の対象となる製品やサービスと、その業務内容を明確にします。その業務の原単位を定義してください。業務を行うときの最小単位です。コスト計算の原単位となります。

## ❷作業をリストアップする

　業務の活動である作業をリストアップします。業務をすべて書き出してください。最初は、細かくとらえて、コスト計算をしていく中で分ける必要のあるものと一緒にしてよいものを整理していきましょう。あまり大きくとらえてしまうと、後のコスト計算で配賦ができずやり直しになる場合もあります。業務と業務の関係性が強く分離できないものは、無理に分離する必要はありません。

## ❸作業の要否と時間を調査する

　それぞれの業務に必要な作業の「要否欄」に丸を付けます。丸を付けた作業ごとの「作業時間」を調査します。原単位の作業にかかる時間です。標準時間が定められている場合は、その時間とします。標準時間がない場合は、標準的な能力、環境下での時間を調査します。時間が大きくばらつく場合は、時間を大きく左右する要因があります。その要因別に活動を分けて時間を調査します。コスト計算では、その要因の発生率を考慮して計算します。

### ABC（活動基準原価）計算シート

| 対象製品・作業❶ | | みかんの出荷作業 | | | | | ぶどうの出荷作業 | | | | |
|---|---|---|---|---|---|---|---|---|---|---|---|
| 作業原単位 | | Mサイズ5個1パック | | | | | 1房（120g）1パック | | | | |
| 項目❷ | | 要否 | 作業時間（分）❸ | 必要スキル | 作業単価（¥）❹ | 作業コスト（¥）❺ | 要否 | 作業時間（分） | 必要スキル | 作業単価（¥） | 作業コスト（¥） |
| 作業（活動） | 受入数量確認 | ○ | 1 | 普通 | 13 | 13 | ○ | 1 | 普通 | 13 | 13 |
| | 傷検査 | | | | | 0 | | | | | 0 |
| | 腐敗確認 | | | | | 0 | ○ | 1 | 高 | 20 | 20 |
| | 不良選別 | | | | | 0 | ○ | 0.2 | 高 | 20 | 4 |
| | 化粧梱包 | | | | | 0 | ○ | 0.3 | 普通 | 13 | 3.9 |
| | 緩衝梱包 | | | | | 0 | ○ | 0.2 | 普通 | 13 | 2.6 |
| | 輸送梱包 | ○ | 0.5 | 普通 | 13 | 6.5 | ○ | 0.5 | 普通 | 13 | 6.5 |
| | 積み込み | ○ | 0.1 | 普通 | 13 | 1.3 | ○ | 0.1 | 普通 | 13 | 1.3 |
| | 出荷事務処理 | ○ | 0.1 | 普通 | 13 | 1.3 | ○ | 0.1 | 普通 | 13 | 1.3 |
| 合計 | | - | 1.7 | - | - | 22.1 | - | 3.4 | - | - | 52.6 |

### ❹スキルと作業単価を調査する

　各作業に必要なスキルのレベルと、その作業単価を調査します。平均人件費などではなく、作業ごとの実際の人件費に基づいて調査します。例えば、高度な能力を要する作業には相応の作業者を配置し、作業単価は高いものとなるからです。作業の難易度などから、必要とするスキルは異なり、スキルの高さに比例して作業単価は高くなります。作業単価は、作業時間1分あたりの金額です。

### ❺作業コストの算出

　作業時間と作業単価から作業ごとのコストを算出します。作業時間と作業単価のかけ算です。最後に、作業ごとのコストを集計して、業務全体のコストを算出します。

### ❻対策対象の選定

　製品やサービスの業務ごとのコストの大きさを比較します。コスト金額の大きいものや、コスト割合の高いものを重点的に対策対象とします。

　各業務の作業内容を比較します。特定の製品・サービス業務だけに付加されている作業について、必要性を見直し、不要なものは「やめる」ことを検討します。

　似たような作業や連続する作業は統廃合できないか検討します。

---

> **！ 使いこなすポイント**
>
> 　ポイントは、作業を細かく分解してリストアップすることです。作業日報や検査報告書に記載する報告項目1つひとつが管理間接作業となります。異常処置などに関する作業もリストアップしましょう。異常のリストアップには、過程決定計画のためのPDPC法（232頁）などのツールを使うのもよいでしょう。

## ツール36 取り組みの評価とふり返りシート

評価とふり返り

**効能**

4つの切り口で評価し、ふり返ることによって
- 問題解決が将来にわたって効果を上げるか評価できる
- 問題解決の取り組みのレベルアップができる
- 問題解決による副次的効果や課題を明らかにできる

　問題解決は、目的・目標の達成にありますが、目的・目標が達成されたことで終わりというわけではありません。対策直後の結果だけでは将来にわたって効果があるとは保証できません。また、実施した対策が別の問題を引き起こすリスクもありますし、副次的な効果を知らない間に生み出しているかもしれません。そして、何よりも実施した問題解決の経験によって自分たちは成長しています。何がどのような力が成長したのか認識していなければ、その力を次に活かすこともできません。取り組みの評価とふり返りシートは、**ボリューム、推移、割合、相関の4つの切り口で評価やふり返りができるようサポートするツール**です。

### 手順

**❶ボリュームで見る**

　対策によって目標や管理基準を達成したか、対策前後のデータ大小から結果は高まったのかを見るものです。目標に対する達成度の評価、対策による業務遂行能力の高まりの評価を行い、取り組みの有効性をふり返ります。

　目的・目標が未達であれば、問題解決は完了していません。PDCAを回して達成に向けた取り組みを続けます。

**❷推移で見る**

　問題解決の取り組み以降の結果の推移を継続して見るものです。対策

が継続して効果を上げているか、安定しているのか、何らかの条件によって変動したりしていないかを評価し、対策効果の継続性をふり返ります。

データがばらついて不安定な場合は、対策が徹底できていなかったり、対策が効かない条件やアイテムが混ざっている可能性があります。安定化のための追加対策が必要です。

何からの条件によって変動する場合は、問題解決の取り組み時になかった環境変化・条件変動が起きている可能性があります。新たな環境・条件下でも有効な対策へ改善する必要があります。

### ❸割合で見る

問題解決の対象となった製品やサービス、業務の割合や問題発生の背景となった環境や条件の出現割合などを見るものです。問題解決の前提となるものが変わっていないか評価し、問題解決の全体における貢献度をふり返ります。

前提としていたものの割合が下がったときは、新たな問題・課題が発生しつつあることが想定されます。新たな問題・課題の調査・把握を行い、解決に向けた取り組みを開始します。

> **! 使いこなすポイント**
>
> 4つの切り口すべてで評価・ふり返りを行うことがポイントです。問題解決の取り組み終了、3ヶ月は半月から1ヶ月ごとにこれらデータをとり、問題解決の有効性や継続性が維持されていることを確認しましょう。問題解決の最大の敵は、継続が途切れることです。せっかく、時間とコストをかけて取り組んだ問題解決が継続できていなければ、その取り組みはムダとなってしまいます。実施した問題解決の6割は、3ヶ月以上続いていないと言われています。「継続は力なり」という言葉を忘れないようにしましょう。

❹相関で見る

　対策と結果といった2つの事項の相関を見るものです。比例関係の強さやバラツキなどから、実施した対策が引き続き求める結果を生み出しているかを評価し、対策の有効性と継続性をふり返ります。

　バラツキが広がり比例関係が弱まってきたときは、実施した対策の有効性が下がってきていることになります。対策の有効性を下げる想定外の原因が発生している可能性があります。対策の有効性を高めるための取り組みが必要です。

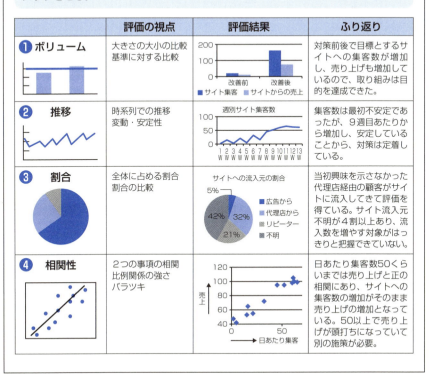

## 目標・予算実績管理シート

評価と
ふり返り

**効能**

予算に対する実績を管理することによって
- 問題解決の投資効率を監視し管理できる
- 問題解決にかかるコストを抑制できる
- 問題解決の取り組みの異常を検知できる

　問題解決への取り組みには、人件費の他に様々な経費が必要となります。問題が解決できるからといって、それら経費を際限になく使っていいわけではありません。投資効率、つまり、かけた経費に見合った結果が得られるものでなければ、その問題解決への取り組みは経済合理性がありません。

　目標・予算実績管理シートは、**問題解決の取り組みにおける目標予算（結果の見込み）と経費予算から投資効率を評価し、予算通りの実績が得られていることをモニターして、必要に応じて対応するための管理ツール**です。

**手順**

**❶目標予算を立てる**

　問題解決によって達成したい目標の予算を月単位で立て記載します。先の見通しがイメージできるようにグラフで表します。予算とは、期間を区切って達成する値のことです。

**❷経費予算を立てる**

　問題解決に取り組み、対策に要する経費の予算を月単位で立てます。同様にグラフで表します。必要に応じて人件費の予算も立てます。

**❸投資効率目標を設定する**

　目標予算を経費予算で割った投資効率の目標を設定します。同様にグ

ラフで表します。1以上でなければ経費が過剰の赤字ということになります。問題解決では、取り組み当初はすぐに結果（目標）が得られませんから、赤字となることがほとんどです。

どのくらいの期間で黒字化するか検討しましょう。赤字幅が大きすぎるときは、経費の圧縮を検討します。

#### ❹実績を記入する

毎月決められた日に、目標、経費、投資効率の実績を集計しグラフ記載します。実績から問題解決の取り組みが明らかになります。

#### ❺結果のふり返りと処置

毎月決められた日に実績の集計結果を確認し、問題解決への取り組み状況をふり返ります。予算の実績の差異が大きい場合は対応策を立案して処置を開始します。

> **!** 使いこなすポイント
>
> 継続することがポイントです。毎月、決められた日に実績を集計し、結果のふり返りと処置をすることが、問題解決の取り組みを確実なものとし、求める結果（目標達成）を得ることを確実にします。継続は力なりという言葉があるように目標予算の実績管理を続けましょう。

# 目標予算・実績管理シート

### 1-1. 既存顧客ハード売上予算
モノクロ機ユーザーに対するカラー機の買い換え
営業の強化
　モノクロ無料下取りキャンペーン
　買い換え検討 ソリューションセミナーの開催（5月、7月）

### 1-2. 既存顧客への営業経費予算
キャンペーン告知経費
　告知DM2000部発送
　下取りリース償却経費(100台分)
　ソリューションセミナーの開催経費（2回分）

### 1-3. 投資効率目標
投資効率1.3以上

投資効率＝営業利益／経費
1台売上：120万円→営業利益：20万円

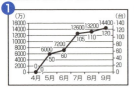

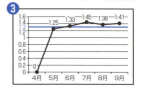

### 1-1. 既存顧客ハード売上実績
### 1-2. 既存顧客への営業経費実績
### 1-3. 投資効率実績

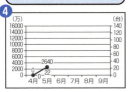

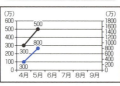

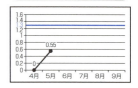

| | 4月 | 5月 | 6月 | 7月 | 8月 | 9月 | 半期総括 |
|---|---|---|---|---|---|---|---|
| 結果 | 売上：0<br>5月開催のSセミナーの集客のために、既存顧客にDM送付した。発送後、3日ほどで、反応はまだない。 | 売上、販売台数ともに大幅にマイナス。要因は、Sセミナーの集客の失敗。<br>目標：既存顧客の40%集客<br>実績：既存顧客の18%集客<br>買替実績：参加者の30%については達成。 | | | | | |
| 今後の対策 | セミナー集客のため、送付後の電話／訪問フォローとして、再度、目玉セミナーと合わせて案内する。 | 7月のSセミナーの集客アップ施策（追加DMとノベリティ）の経費としてプラス200万円必要。9月までに投資効率が1.3を超えないことから、Sセミナー開催はやめる。代替案として、メンテナンス訪問と提案の強化を行う。 | | | | | |
| チェック | | | | | | | |
| 承認 | | | | | | | |

## おわりに

　仕事柄、いろいろな人のいろいろな改善＝問題解決を見て、アドバイスすることが多くあります。そこから見えるのは、問題解決が上手にできている人は、仕事を楽しんでいたり、自分の成長を喜んでいる人が多いということでした。また、問題解決ができている人は、次々と新たな問題を解決し、周りからも信頼され輝いています。一方で、「あと一歩」「ここを変えれば成功するのに」という事例もたくさん見ています。なかなか解決できず、後ろ向きになっている人もいます。

　問題解決が上手にできれば、仕事にもやりがいを感じて、人生観も変わるかもしれません。この本を執筆しようと思ったのは、問題解決力を高めることによって、一人でも多くの人が仕事が楽しくなり、周りから信頼され、輝く人になることのお手伝いができたらという思いからです。

　本は何かを始めるきっかけとなるものだと思います。この本を手にした方が自分の中にあるものと何か違う刺激をこの本から得て、ここで紹介している事例がご自身の問題解決力を高めるヒントになれば幸いです。

　最後にこの本の企画を共に考えていただき、熱意とアイディアをもって編集していただいた日本能率協会マネジメントセンターの久保田章子氏に御礼申し上げます。

2016年10月

　　　　　　　　　　コンサルソーシング株式会社　松井順一

# MEMO

●著者紹介

## 松井 順一 (まついじゅんいち)

コンサルソーシング株式会社代表取締役。中小企業診断士、システムアナリスト、情報システム監査技術者。

アイシン精機株式会社にてABS等の新製品開発に従事。微小洩れ測定法開発にて科学技術庁長官賞を受賞。その後、社団法人中部産業連盟、トーマツコンサルティング株式会社、現職にて、トヨタ生産方式ベースの営業・管理間接・開発・サービス業務改善、製造ライン構築・現場改善、5S、目で見る管理、経営戦略のコンサルティングを行う。現地現物での実践重視の人づくりに定評がある。

おもな著書に『仕事の「見える化」99のしかけ』『オフィスの「業務改善」99のしかけ』『仕事の「ミス」をなくす99のしかけ』(以上、小社刊)『職場の「かんばん方式」トヨタ流改善術ストア管理』『職場のかんばん方式2 トヨタ式人づくり改善塾』(以上、日経BP社)などがある。

## 実践 問題解決 最強ツール37

2016年10月30日　　　初版第1刷発行

著　　者───松井　順一
　　　　　　©2016 Junichi Matsui
発 行 者───長谷川　隆
発 行 所───日本能率協会マネジメントセンター
〒103-6009　東京都中央区日本橋2-7-1 東京日本橋タワー
TEL　03(6362)4339(編集) ／03(6362)4558(販売)
FAX　03(3272)8128(編集) ／03(3272)8127(販売)
http://www.jmam.co.jp/

装　　丁───小口翔平＋喜來詩織（tobufune）
本文デザインDTP─株式会社明昌堂（荒木優花）
印刷所───広研印刷株式会社
製　本───株式会社宮本製本所

本書の内容の一部または全部を無断で複写複製（コピー）することは、法律で認められた場合を除き、著作者および出版者の権利の侵害となりますので、あらかじめ小社あて許諾を求めてください。

ISBN 978-4-8207-5937-9　C2034
落丁・乱丁はおとりかえします。
PRINTED IN JAPAN

**JMAM の本**

# 外資系コンサルが実践する
# 資料作成の基本

吉澤準特 著
Ａ５判　280頁

プレゼンや商談、企画提案、上司への報告など、ビジネスのあらゆる場面で必要になる「資料作成」のスキル。本書は、資料作成のプロでもある外資系コンサルタントが日々実践している、無駄なく、完成度の高い資料を作成するための王道のスキル、テクニックを網羅的に70項目にまとめました。
「あたりまえ」だけどなかなか実践できない大切な基本スキルやテクニックを、スケルトン、ドラフト、フィックスという作成ステップごとに、図解を交えてわかりやすく説明します。